U0800565

抖音电商实战

引流+蓝V+直播+橱窗+小店+小程序+带货+广告

王　萍　耿慧慧◎著

中国铁道出版社有限公司
CHINA RAILWAY PUBLISHING HOUSE CO., LTD.

内容简介

本书是高职院校电子商务专业的两位教师联合多位抖音实战运营人员精心编写的一本抖音电商教程，针对抖音运营的痛点、热点，如通晓算法、引流、直播、打造爆款、开设橱窗、开抖音小店、做抖音小程序、带货卖货、广告宣传，以及企业如何入驻抖音进行营销等，进行了专业、详细地深入讲解，帮助抖音入门者快速成为运营高手。

本书不仅适合广大想要引流、宣传、直播、开店、带货的抖音运营者学习，还可作为高等院校电子商务规划教材。

图书在版编目（CIP）数据

抖音电商实战：引流+蓝V+直播+橱窗+小店+小程序+带货+广告/王萍，耿慧慧著. —北京：中国铁道出版社有限公司，2020. 8（2022. 4重印）
ISBN 978-7-113-26879-4

Ⅰ. ①抖… Ⅱ. ①王… ②耿… Ⅲ. ①网络营销 Ⅳ. ①F713. 365. 2

中国版本图书馆CIP数据核字（2020）第078383号

书　　名：抖音电商实战：引流+蓝V+直播+橱窗+小店+小程序+带货+广告
DOUYIN DIANSHANG SHIZHAN : YINLIU+LANV+ZHIBO+CHUCHUANG+XIAODIAN+XIAOCHENGXU+DAIHUO+GUANGGAO
作　　者：王　萍　耿慧慧

责任编辑：张亚慧　　编辑部电话：(010) 51873035　　邮箱：lampard@vip. 163. com
封面设计：宿　萌
责任印制：赵星辰

出版发行：中国铁道出版社有限公司（100054，北京市西城区右安门西街8号）
印　　刷：北京柏力行彩印有限公司
版　　次：2020年8月第1版　2022年4月第6次印刷
开　　本：700 mm×1 000 mm 1/16　印张：17　字数：276千
书　　号：ISBN 978-7-113-26879-4
定　　价：69. 00元

序　言（一）

作为时下比较火的短视频平台之一，抖音因为有“情”、有“趣”、有“用”、有“味”，因为短视频的内容和聚集网红的超强能力，抖音成为流量的巨大聚集地。

抖音的异军突起，吸引海量商家纷纷涉足短视频领域。无论是追求曝光的品牌宣传、追求销售转化的视频广告，还是追求变现的直播带货，都希望通过这种“边看边买”的模式实现转化。

为此，商家纷纷通过开通购物车、直播、小店，开设快闪店、抖店等，将内容生产到 IP 包装，再到商品转化的环节与场景紧密地串联起来，以吸引海量粉丝的关注。

抖音怎么玩？怎么利用抖音赚钱？如何吸引足够多的粉丝？如何构建短视频内容？如何运营抖音账号？不管你是抖音的新手，还是有一定基础的商家，想必上述问题都会时常困扰着你。

本书采用一对一私教实战教学模式，从通晓算法、打造爆款、吸粉引流、营销推广、巧借搜索到企业蓝 V、抖音直播、商品橱窗、抖音小店、抖音小程序、短视频带货、广告变现等内容，以“转化”为主线，全面进行解说。

由于水平有限，书中难免会有不足或不妥之处，敬请各位读者批评指正。

王　萍

北京电子科技职业学院

电子商务专业副教授

2020 年 4 月

序　言（二）

5G 时代已经扑面而来，短视频成为新的信息载体，社交电商也开始出现新的变化。多年前，我们的娱乐还很单纯，睡觉前刷一刷朋友圈、看一些综艺节目，偶尔看会儿书，只是没想到从 2018 年开始，大量的时间被一个叫“抖音”的软件占据。

作为一种新型传播方式，抖音短视频一经推出，就以其适应碎片化时间内容分享与表达的需求，获得各大平台与用户的青睐。作为移动互联网的流量价值新入口，抖音成为新时代内容营销的主战场。

“流量 = 金钱”，哪里有流量，哪里就有生意，流量增长也是每个企业的命题。红利之下，各互联网巨头和品牌商纷纷入驻抖音短视频，“抖音 +”成为品牌营销的新标配。

如何找准差异化赛道、抓住抖音这轮营销流量红利，充分挖掘其价值，既是企业开展移动互联网营销的必答题，也是值得各位短视频界掌舵人认真思考的一个问题。

而对于做抖音，大多数玩家的流量建设还处于初级阶段，最后默默无闻，湮没在算法的推荐逻辑中。所以，抖音短视频营销不能只图一时热闹，更不会一蹴而就，我们不但要具备宏观层面的理论知识，还要拥有微观层面的运作思维，只有这样，才能角逐抖音这块流量“战场”。

而这本书，从平台推荐机制到抖音爆款打造、从带货新平台到抖音小程序、从核心运营再到广告变现，都讲述了具体可行的方法，可帮助抖音内容创作者和想要投身抖音平台的机构拓宽思路，获取新一轮的流量增长红利。期待每位读者都能从书中获得短视频营销的新能量，成为抖音短视频航道上的“头号玩家”。

耿慧慧
北京电子科技职业学院
电子商务讲师
2020 年 4 月

目 录

第1章

通晓算法：从零到破万，获得粉丝更轻松

抖音短视频平台有着自己独特的流量推送算法。如果抖音运营者能够通晓抖音短视频平台的算法，并根据其算法打造抖音视频，那么，让粉丝从零到破万，也将变得非常轻松。

1.1 推荐机制：详细分析抖音内部推荐算法

每个平台都会通过一定的推荐机制进行内容筛选，将优质的内容推荐给更多的平台用户。这一节，笔者就来为大家详细地分析抖音内部的推荐算法。

1.1.1 推荐机制：解读热门作品的推荐机制

抖音沿袭了今日头条的算法推荐模型——根据用户口味推荐，从而保证了视频的分发效率及用户体验。了解抖音的推荐算法机制，能相应地获取更多的推荐，是一个快速获取流量的方法。

个性化推荐、人工智能图像识别技术是抖音的技术支撑，挑战赛、小道具、丰富多彩的 BGM 则为用户提供了各种各样的玩法，让人既能刷到有趣的视频，又可以快速创作出自己的作品。在笔者看来，抖音的算法是极具魅力的，因为抖音的流量分配是去中心化的，它的算法可以让每一个有能力生产出优质内容的人，都能得到跟“大 V”公平竞争的机会，实现了人人都能当明星的可能性。

例如，抖音上有一个叫“颜人中”的达人，他不仅年轻帅气，而且唱歌很好听。于是，他在抖音上迅速走红，吸引了超过 800 多万粉丝关注，同时获赞数达到 5000 多万，如图 1-1 所示。

颜人中不仅翻唱了《有可能的夜晚》《胆小鬼》《那女孩对我说》等知名歌曲，还推出了许多自己的作品，如《很需要》《嗜好》《晚安》等。这些歌曲上传至抖音平台之后，被许多抖音用户作为 BGM 使用。

颜人中之所以能够与“摩登兄弟”“连音社”等坐拥千万粉丝的抖音大咖公平竞争，还要得益于抖音的推荐算法机制。正是因为抖音推荐机制带来的好处，才让他有了更多的发展机会。具体来说，抖音算法机制的好处如图 1-2 所示。

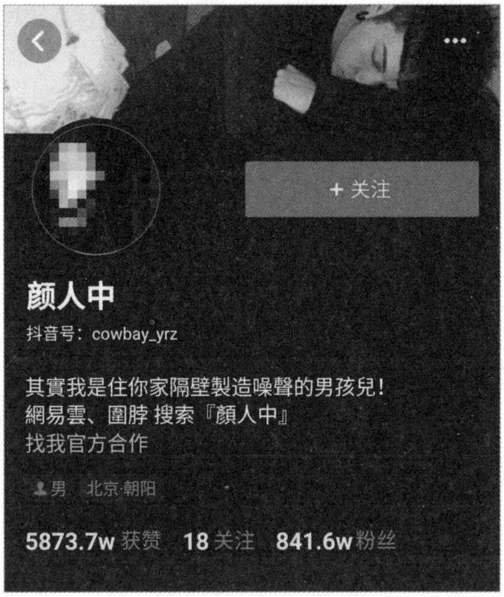

图 1-1　颜人中的抖音主页

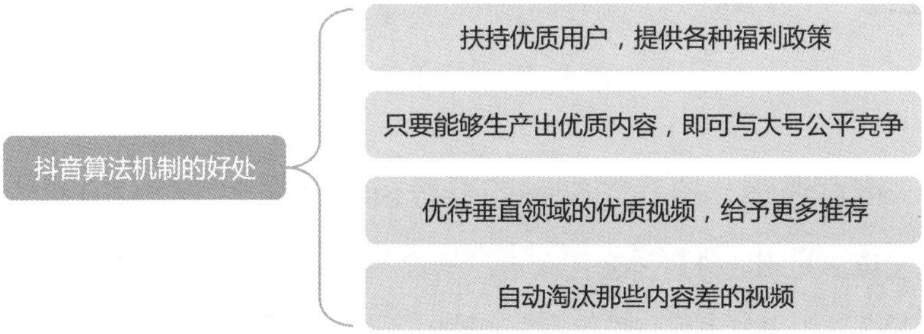

图 1-2　抖音算法机制的好处

1.1.2　推荐原理：按照标签智能个性化推送

抖音运营者发布的每一条内容，抖音审核员都可以看得到。另外，抖音平台会根据抖音视频的推荐基数（根据浏览人数、点赞和评论比例等数据设置的一个基础值）、视频播放量、点赞量、评论量、转发量、账号的资料完整度和认证情况等进行权重的计算，然后按照得分排序，决定审核的顺序。视频审核之后，会根据审核结果决定视频的推荐量。

抖音推荐的原理，可以根据知识星球《短视频热门研究院》的一张流程图来进行把握，具体如图 1-3 所示。

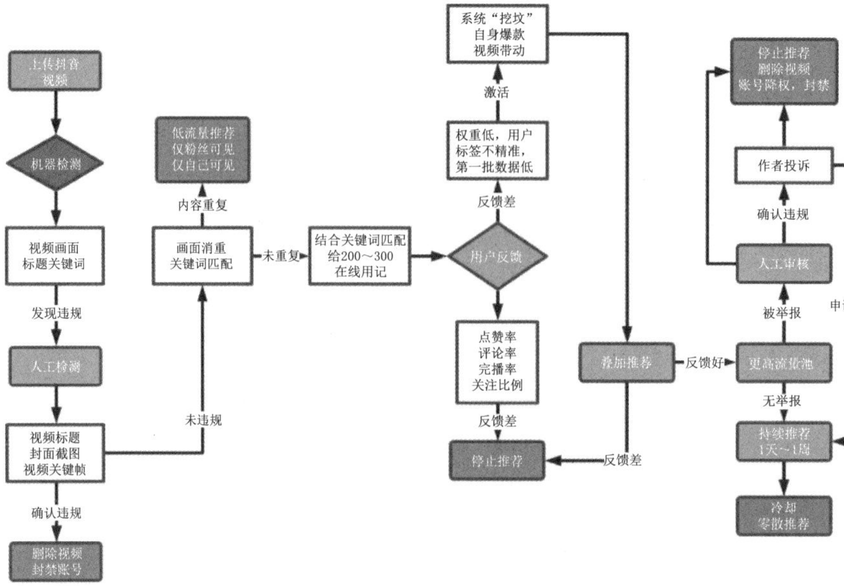

图 1-3　抖音算法原理

1.1.3　推荐逻辑：抖音短视频的推荐机制流程

除了算法机制之外，抖音还有自己的推荐逻辑，如图 1-4 所示。如果抖音运营者想在一个平台上成功吸粉，首先就要了解这个平台的爱好，知道它喜欢什么样的内容，排斥什么内容。抖音运营者在抖音发布作品后，抖音平台对于作品会有一个审核过程，其目的就是筛选优质内容进行推荐，同时杜绝垃圾内容的展示。

抖音的推荐算法和百度等搜索引擎不同。搜索引擎推荐算法主要依靠外链和高权重等。而抖音则是采用循环排名算法，根据这个作品的热度进行排名，其公式如下。

热度 = 播放次数 + 喜欢次数 + 评论次数

机器人是怎么判断视频是否受到大家的欢迎呢？已知的规律有两条：

用户观看视频时间的长短。

视频评论数的多少。

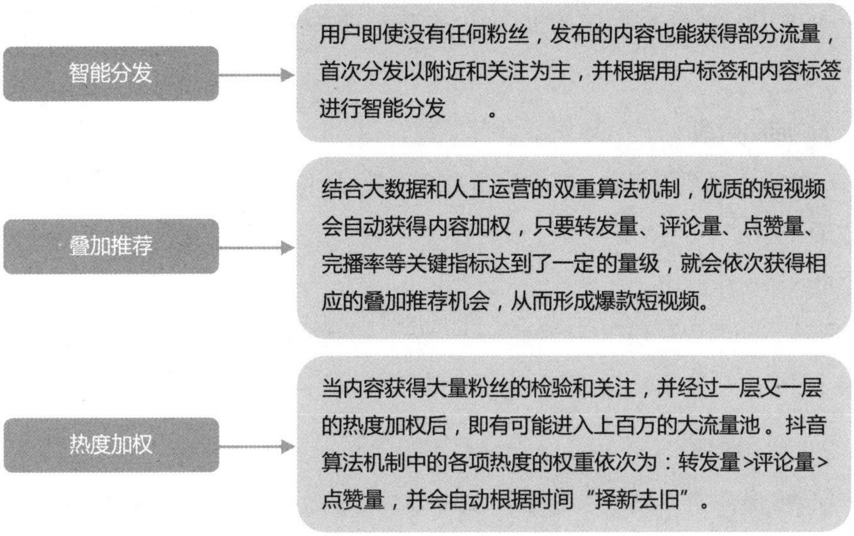

图 1-4 抖音的推荐算法逻辑

抖音给每一个作品都提供了一个流量池，无论是不是大号、作品质量如何，每个短视频发布后的传播效果都取决于作品在这个流量池里的表现。因此，我们要珍惜这个流量池，想办法让我们的作品在这个流量池中有突出的表现。

一般新拍的抖音短视频作品，获得点赞数和评论越多，用户观看的时间越长，那么推荐的次数也就越多，自然获得的曝光量就会很多，从而会增加获得推荐的概率。基于已知的算法机制，下面总结了 3 条经验，以此来提高抖音号的价值。

（1）想办法延长用户的停留时间。用户可以美化短视频封面，比如，设置一个悬疑的开头，或者打造一个惊人的出场方式，这些都是非常有效的方法。

（2）有效的评论区互动法。这个方法是用户最容易忽略的，视频底部优质的评论是了解用户对视频看法的最直接方式。

（3）尽快建立自己的抖音社群或抖友社群。社群已经成为用户增长最有效的方式之一，建立社群的目的是增强普通用户之间的黏性，基于同一习惯或者是基于某一类人生观，聚合同一类行为的人群，提高粉丝留存率，然后再利用这部分用户去影响更多的用户。

1.1.4 推荐反馈：作品进入热门流量池的阶段

抖音平台会根据一定的算法进行流量反馈，也就是根据视频的数据情况，分配不同的流量。通常来说，一条短视频从发布到进入热门流量池需要经过 3 个阶段，具体如下。

1. 启动阶段

一条抖音视频发布后，抖音平台会将这条视频进行小范围的推送（推送量通常小于 1000），这就是抖音视频的启动阶段。如果该阶段的数据比较好，视频就会进入下一个阶段。

那么，如何让视频在启动阶段获得比较好的数据呢？关键就在于把握住视频的前 3 秒，从一开始就吸引住抖音用户的目光，让抖音用户看完你的视频。

2. 测试阶段

启动阶段数据达到要求的视频会进入测试阶段。在该阶段，抖音平台会对抖音视频进行 1 万至 10 万次的推送。然后抖音平台再根据推送后的数据决定视频是否进入下一个阶段。

测试阶段的关键就在于通过引导，让抖音用户对视频进行点赞、评论并进行转发，从而吸引更多抖音用户关注你的抖音视频，提高视频的数据表现。

3. 爆发阶段

通过测试阶段的抖音视频会自动进入爆发阶段。在该阶段，抖音平台会将你的视频进行超过 100 万次的推送。在如此巨大的推送量的支持下，你的视频往往就会成为抖音热门视频。

当然，推送量是一回事，抖音账号能够通过推送获得的粉丝量又是另外一回事。如果抖音账号运营者要想通过抖音视频快速吸粉，还得重点把握视频内容，打造抖音用户感兴趣的内容。

1.2 核心算法：揭秘抖音背后的思维逻辑

除了推荐机制之外，抖音运营者还需要了解抖音平台的核心算法。抖音算法是其背后思维逻辑的反映，明白了抖音算法，就相当于了解了抖音的运营逻辑。这样一来，要想做好抖音运营也就变成一件非常容易的事情。

1.2.1　审核方式：机器 + 人工的双重审核

为了保证平台的健康发展，同时也为了落实平台的核心算法，抖音平台会对抖音用户发布的视频进行审核。具体的审核方式可分为两种，一种是机器审核，另一种是人工审核。

1.2.2　智能分发：0 粉也能一夜 10W +

抖音智能分发是指一条抖音视频发布之后，会自动推送给 4 类人群。

一是该账号的粉丝，这是一个抖音号的核心受众。

二是通讯录好友和可能认识的人，在抖音“发现好友”界面中，会显示一些通讯录好友和可能认识的人，如图 1–5 所示。这些就是自动推送的第二类人群。

三是同城人群。一条视频发布之后，会出现在“同城”界面中，自动推送给同城的抖音用户，如图 1–6 所示。

图 1–5　“发现好友”界面

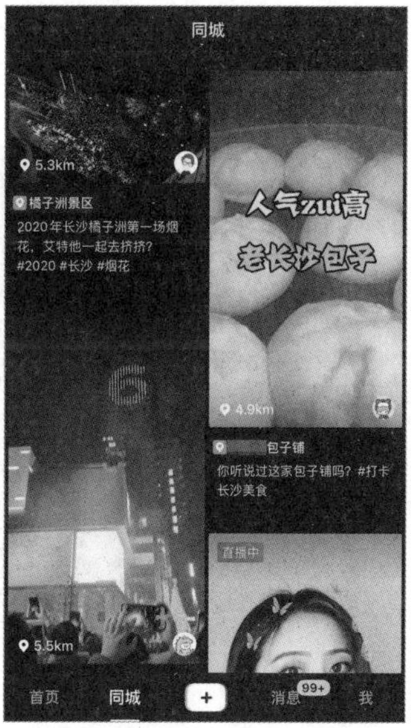

图 1–6　“同城”界面

四是可能对视频内容感兴趣的人。抖音平台会根据抖音用户的浏览习惯，给抖音用户贴上一些标签。如果你的视频符合抖音用户的标签，系统就会认为这些抖音用户对你的视频感兴趣，并将你的视频推送给这些抖音用户。

1.2.3　叠加推荐：让视频持续获得播放量

叠加推荐是指抖音平台会给视频一定的推送量，视频推送后，根据抖音用户的反馈决定是否叠加推荐。例如，抖音平台对视频进行 1 万次推送，如果你的转发量达到 100（假设的门槛），那么，抖音平台会继续对视频进行 1 万次推送。如果这 1 万次推送中，转发量又超过了 1000，那么，视频可以再次获得 1 万次推送。如此反复地进行叠加推荐。

究其根本，叠加推荐的量还是由视频的受欢迎程度来决定的。如图 1-7 所示的两条短视频中，左边的视频点赞、评论和转发都超过了 1 万，系统会将其默认为非常受欢迎的视频，因此，这条视频就会很容易地获得叠加推荐；而右边这条视频，仅仅只有 1 个点赞，评论和转发都为零。很显然抖音用户对这条用户基本都不太感兴趣，因此，这条视频自然就无法获得叠加推荐。

图 1-7　根据数据判断视频是否受欢迎

1.2.4　热度加权：转发量 > 评论量 > 点赞量

转发量、评论量和点赞量不仅会在每条抖音视频中直接显示，而且还会影响一条视频的热度加权。当然，这 3 种数据对热度加权的影响程度也有所差异，具体影响力表现为：转发量 > 评论量 > 点赞量。

这一点其实可以用“物以稀为贵”来解释。为什么这么说呢？主要是因为一条视频中，通常会出现点赞量 > 评论量 > 转发量的情况，如图 1-8 所示。也就是说，在一条视频中转发量往往会是 3 种数据中最少的。

当然，转发量虽然相对较少，但是却是非常重要的。因为一条视频转发出去之后，看的人增多了，点赞量和评论量自然会增加。而且在大多数抖音用户看来，转发要比评论和点赞麻烦一些，既然都到了转发的地步，那抖音用户很可能就已经点赞和评论了。

相比于随手点个赞，评论还需要输入一些文字。因此，在用户看来，评论要比点赞麻烦一些。而且许多人都会习惯性地看一下评论，有的评论还能吸引许多抖音用户的回复。如图 1-9 所示为某视频的评论区，可以看到其中第一条评论的回复便达到了 41 条。

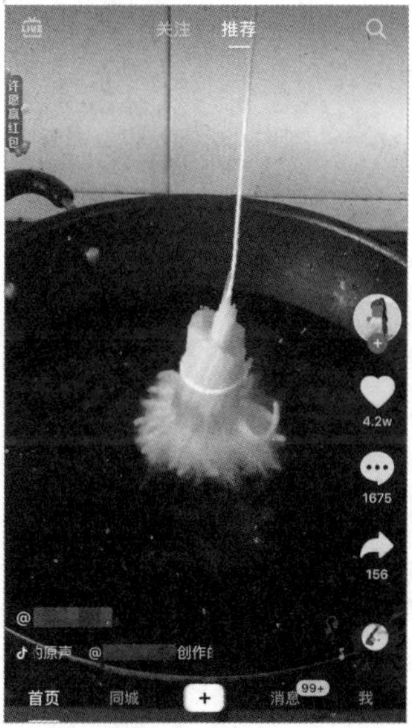

图 1-8　点赞量 > 评论量 > 转发量

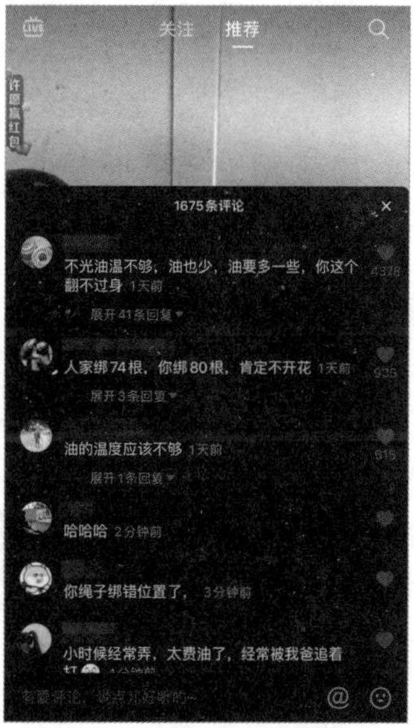

图 1-9　某视频的评论区

除此之外，抖音用户还可以通过 @ 其他抖音用户，吸引其他抖音用户来观看该视频。并且抖音用户在看评论和写评论时，视频也会不停播放，这样一来，视频的完播率等数据也就相应地提高了。

1.2.5 心理追求：深入洞察人性，一切皆有可能

每个刷抖音视频的用户都会有一定的心理需求，如果抖音运营者能够深入洞察人性，了解抖音用户的心理需求，那么，原本看似触不可及的事情也会变成可能。具体来说，抖音用户的心理需求大致可以分为以下 3 种，即追求快乐、追求希望和追求认同。抖音运营者可以从某个心理需求出发打造抖音视频，从而获得对应抖音用户的关注。

例如，如果要满足抖音用户追求认同的心理需求，可以通过讲道理、展示某个情景，然后在文案中加上“同意吗？”引发抖音用户的思考和认同，如图 1-10 所示。

图 1-10 满足抖音用户追求认同的心理需求

1.3 KOL 打造：揭秘抖音流量机制的优化技巧

KOL 是 Key Opinion Leader 的简称，译为：关键意见领袖，即对某类群体的购买行为有较大影响力的人（也可以是某个账号或团队）。在抖音中，要想打造 KOL，必须得掌握一些必要的流量机制优化技巧。

1.3.1 账号定位，实现精准运营

1. 行业定位

行业定位就是确定账号分享的内容的行业和领域。通常来说，抖音运营者在做行业定位时，只需选择自己擅长的领域即可。当然，有时候某个行业包含的内容比较广泛，且抖音上做该行业内容的抖音号已经比较多了。此时，抖音运营者便可以通过对行业进行细分，侧重从某个细分领域打造账号内容。

比如，化妆行业包含的内容比较多，这个时候我们就可以通过领域细分从某个方面进行重点突破。这个方面比较具有代表性的当属李佳琦了，这位号称“口红一哥”的美妆博主便是通过分享口红相关的内容来吸引对口红感兴趣的人群的关注的。

又如，摄影包含的内容比较多，但现在越来越多人开始直接用手机拍摄视频，而且这其中又有许多人对摄影构图比较感兴趣。因此，抖音号“手机摄影构图大全”针对这一点专门深挖手机摄影构图，如图 1-11 所示。

图 1-11　手机摄影构图大全的行业定位

2. 用户定位

抖音号的运营者如果能够明确用户群体，做好用户定位，并针对主要的用户群体进行营销，那么抖音号生产的内容将更具有针对性，从而对主要用户群体产生更强的吸引力。

在做用户定位时，抖音运营者可以从年龄、性别、地域分布、职业和消费能

力 5 个方面分析目标用户，了解抖音的用户画像和人气特征，并在此基础上更好地做出针对性的运营策略和精准营销。

3. 内容定位

抖音内容定位就是确定账号的内容方向，并据此进行内容的生产。通常来说，抖音运营者在做内容定位时，只需结合账号定位确定需要发布的内容即可。例如，抖音号“手机摄影构图大全”的账号定位是做一个手机摄影构图类账号，所以该账号发布的内容以手机摄影构图视频为主。

抖音运营者确定了账号的内容方向之后，便可以根据该方向进行内容的生产。当然，在抖音运营的过程中，内容生产也是有技巧的。具体来说，抖音运营者在生产内容时，可以运用以下技巧，轻松打造持续性的优质内容，如图 1-12 所示。

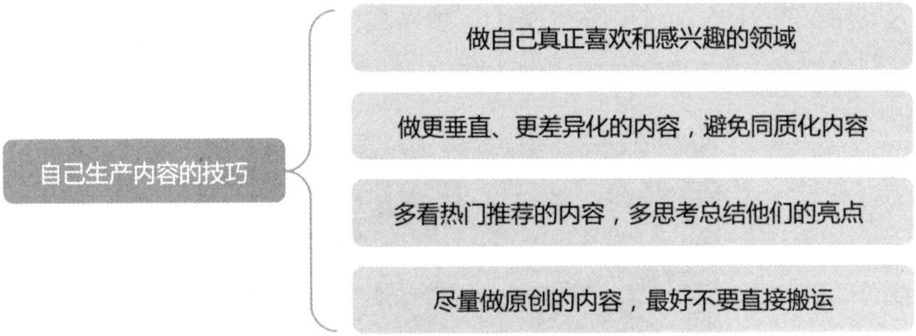

图 1-12　生产抖音内容的技巧

1.3.2　小心禁忌，避免违规行为

在抖音号的运营过程中，要特别小心两个禁忌，避免违规行为。一是频繁进行类似操作，二是随意删除视频。

1. 频繁进行类似操作

抖音电商运营者在引流的过程中最好不要频繁地进行类似的操作，主要有以下 4 个原因。

（1）频繁地进行类似的操作，抖音平台会对账号的正常性产生疑问。一旦认定你的账号运营不正常，势必会对账号进行降权处理。

（2）抖音电商运营者在抖音平台上进行的相关操作，如更改个人信息、发布视频等，抖音平台都会进行审核，频繁地进行类似操作会增加抖音平台的工作量，让平台对你的账号产生不好的印象。

（3）频繁地进行类似的操作也就意味着你需要花更多时间进行运营，这样你在账号的运营过程中花费的时间成本会大幅提高。

（4）抖音用户可能是因为某些内容才关注你的，如果你过于频繁地进行操作，抖音用户都不认识你了，那么，抖音用户很可能会选择取消关注。比如，当你将个人信息全部进行修改，并删除了部分短视频之后，抖音用户可能就会觉得你的账号变得陌生了。甚至部分抖音用户如果只看抖音的个人信息的话，没发现你进行了更改，还会以为是自己不小心错点了关注。

2. 随意删除视频

很多短视频都是在发布一周甚至一个月以后，才突然开始火爆起来的。这一点给笔者一个很大的感悟，那就是抖音上其实人人都是平等的，唯一不平等的就是内容的质量。你的抖音账号是否能够快速冲上一百万粉丝，是否能够快速吸引目标用户的眼球，最核心的要点还是在于内容。

所以，笔者很强调一个核心词，叫“时间性”。因为很多人在运营抖音时有个不好的习惯，那就是当他发现某个视频的整体数据很差时，就会把这个视频删除。笔者建议大家千万不要去删除你之前发布的视频，尤其是你的账号还处在稳定成长的时候，随意删除作品对账号会有很大的影响。

删除作品可能会减少你上热门的机会，降低内容被再次推荐的可能性。而且过往的权重也会受到影响。因为你的账号本来已经运营维护得很好了，内容已经能够很稳定地得到推荐，此时把之前的视频删除，可能会影响到你当下已经拥有的整体数据。

这就是“时间性”的表现，那些默默无闻的作品，可能过一段时间又能得到一个流量的扶持或曝光，因此我们唯一不能做的就是删除作品。当然，如果你觉得删除视频没有多大影响，你可以删除试一下。但根据之前删除作品账号的实操发现，账号的数据会明显发生很大的波动。

1.3.3 账号优化，养号提高权重

看到标题，部分抖音电商运营者可能对“养号”有一些疑惑。什么是养号呢？

简单来说，就是通过一些操作来提升抖音账号的初始权重。

为什么要养号呢？主要是因为抖音会根据权重给你的账号一定的推荐量，你的账号权重越高，获得的推荐量自然就会越多。另外，抖音为了将精准流量推荐给优质的内容创作者，会从不同维度对一个账号是否正常进行检测。而养号的目的就是告诉抖音平台，你的账号是一个正常的账号，你不会在抖音平台里乱来。

那么抖音怎么养号呢？笔者认为可以重点把握以下几个方面的内容。

（1）账号信息填写完整，且在粉丝量不足 1 万时，尽量不要在个人信息中出现微信、QQ 等联系方式。

（2）关注与你账号同类的抖音账号，稳定登录并浏览相关视频，适时与抖音用户进行一些互动。

（3）填写所在的地区，并适时浏览同城推荐的内容。

（4）绑定今日头条、火山等相关账号。

1.3.4 内容优化，弱化广告痕迹

虽然大部分抖音运营者都希望通过抖音赚取第一桶金，而要想赚钱，进行广告内容植入又是很有必要的。但是，如果抖音运营者直接展示商品，如图 1-13 所示。这样广告做得就太硬了，大部分抖音用户看到这样的广告之后会选择直接滑过。

那么，怎样在短视频中打广告才能提升推广效果呢？笔者认为主要还是得尽可能地弱化广告痕迹，将广告软化，让抖音用户对你的广告不那么反感。比如，可以针对商品设计相关的剧情，让抖音用户既觉得你的短视频具有一定的趣味性，同时也能从短视频中看到商品的实际使用效果，如图 1-14 所示。

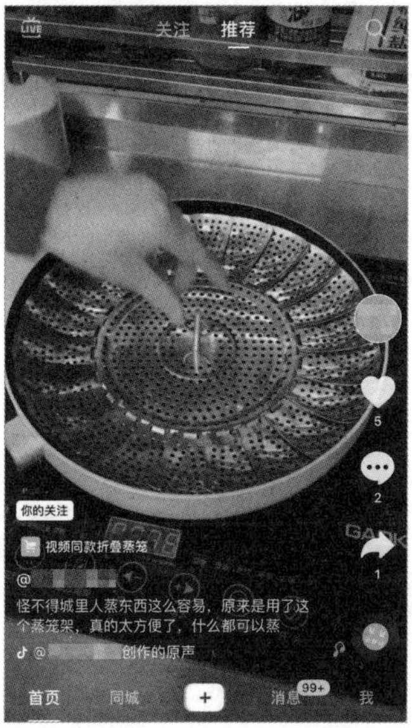

图 1-13　硬广

图 1-14　软化的广告

1.3.5　发布优化，扩大初始流量池

通过发布的优化，特别是发布时间的优化，可以扩大视频的初始流量池。在发布抖音短视频时，笔者建议大家的发布频率基本是一周 2 ~ 3 条，然后进行精细化运营，保持视频的活跃度，让每一条视频都尽可能地上热门。至于发布的时间，为了让你的作品被更多的人看到，火得更快，一定要选择在抖音粉丝在线人数多的时候进行发布。

据统计，饭前和睡前是抖音用户最多的使用场景，有 62% 的用户会在这段时间内看抖音；10.9% 的用户会在碎片化时间看抖音，如上卫生间或者上班路上。尤其是睡前和周末、节假日这些时间段，抖音的用户活跃度非常高。笔者建议大家将发布时间最好控制在以下 3 个时间段，具体如下。

（1）周五的晚上 18:00 ~ 24:00。

（2）周末两天（星期六和星期天）。

（3）其他工作日的晚上 18:00 ~ 20:00。

同样的作品在不同的时间段发布，效果肯定是不一样的，因为流量高峰期人多，你的作品就有可能被更多的人看到。如果用户一次性录制了好几个视频，千万不要同时发布，每个视频发布时，中间至少要间隔一个小时。

另外，发布时间还需要结合自己的目标客户群体的时间，因为职业不同、工作性质不同、行业细分不同以及内容属性不同，发布的时间节点也都有所差别，所以用户要结合内容属性和目标人群，去选择一个最佳的时间点发布内容。再次提醒，最核心的一点就是在人多的时候发布，得到的曝光和推荐会大很多。

第 2 章

打造爆款：创作具有价值的短视频

为什么抖音运营者都想创作出爆款短视频？主要就是因为相比于一般视频，爆款短视频能被更多抖音用户看到。而随着曝光次数的增加，短视频自然也会更容易实现价值。

那么，具体要如何打造爆款短视频，让短视频的内容更具价值呢？这个问题的答案就在这一章内容中。

2.1 创意指南：打造高曝光的爆款短视频

抖音平台之所以始终保持着足够的热度，是因为它有丰富的内容，短短的 15 秒就能拍出精彩的短视频效果。本节为大家准备了很多实用的抖音拍摄技巧，希望能帮助大家快速打造出高曝光的爆款短视频。

2.1.1 拍出好视频效果的 5 个原则

抖音 App 已经在不知不觉中影响了很多年轻人的生活，越来越多的用户开始离不开抖音，也有越来越多的人喜欢上了拍抖音。本节将介绍抖音短视频的 5 个拍摄原则，帮助用户拍出更好的视频效果。

1. 练好平稳运镜的基本功

在拍摄抖音短视频，特别是快速的镜头运用时，如果画面不平稳，用户看起来会很吃力。为了让短视频中的画面显示更为平稳，用户在拍摄时最好将手臂伸直，想象你的手臂就是一个机械臂，保持平稳地运镜，让画面更加流畅。

抖音运镜的主要技巧就是用手控制手机，视线往哪边，手机就要往哪边移动。建议大家在抖音上搜索“运镜教程”，根据热门视频教程试着练习一番，练好平稳运镜的基本功，如图 2-1 所示。

2. 确定好短视频内容风格

一般来说，在短视频拍摄之前需要做好整体构思，确定好抖音短视频的主体内容风格。例如，颜值高的用户，可以选择“刷脸”“卖萌”或者“扮酷”来展现自己的优势；拥有一技之长的用户，可以充分利用抖音 15 秒短视频来展示自己的才华；擅长幽默搞笑的用户，可以创作一些“戏精类”的内容，展示你的搞怪表演天赋。总之，不管是哪种风格，找到最适合自己的风格即可。

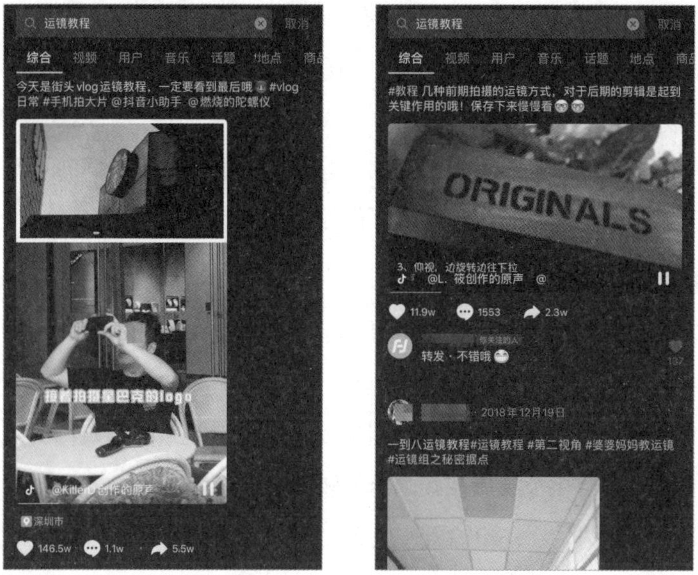

图 2-1　学习热门视频的运镜技巧

3. 用动作卡好短视频节奏

抖音中的配乐以电音、舞曲为主，视频分为两派：舞蹈派、创意派，共同的特点是都很有节奏感。在早期抖音刚刚进入人们视野的时候，抖音的常见玩法有两种：一是录制唱歌视频；二是随着节奏感极强的音乐表演舞蹈，例如，各种街舞和手指舞等，还有各种萌宠随着音乐摆出有节奏的、有趣的、搞笑的动作，造就了大批抖音红人。

如果是提前拍摄的视频，后期再配音，把握不好节点怎么办？很多用户都有这样的烦恼，因为有一些背景音乐是存在转折点的，如果自己的动作或场景切换等和这些音乐节点合不上怎么办。方法是拍摄时间长一点儿的视频，尽量使得节点位置在中间，这样视频前面和后面的内容可以剪掉一些，保证节点不消失。

抖音主打的是让用户伴着选好的音乐录制视频，因此音乐中的节奏在视频中也占有一定的地位。你可以用动作卡节拍，也可以用转场卡节拍，只要节拍卡得好，视频也能获得很好的效果。因此，节奏的把握非常重要，用户可以多观察抖音的热门视频，借鉴他们的经验来提高自己作品的质量。下面介绍两个卡视频节奏的技巧。

（1）尽量把动作放在音乐节奏的重音上面。

（2）要挑选和视频内容相符的音乐。

例如，如果音乐中有开枪的声音，用户也需要做出打枪的动作；如果有翻书的声音，用户也要跟着做翻书的动作。当然，声音和动作不一定要配合一致，也就是说，有翻书的声音不一定非要做翻书的动作，也可以是和翻书同频率地抖肩。这一部分的关键还是配合着音乐，卡好你的动作。

4. 转场时参照物保持不变

抖音可以分段拍摄，其中段落与段落、场景与场景之间的过渡或转换，就叫作转场。在抖音上经常看到很多“变装”和化妆之类的视频，都需要用到转场技巧。抖音上最常用的转场方法就是用手或其他顺手的东西去遮挡镜头，再挪开，非常简单易学，适合化妆类短视频内容的转场。

具体的操作方法为：开始拍摄一段人物画面，然后用手遮挡镜头并暂停拍摄；接着完成妆容，再把手放回摄像头的位置，点击继续拍摄，最后把手挪开，拍摄化妆后的人物画面效果。

在视频转场时，除了你要变换的东西以外，其他参照物尽量保持不变。如果参照物是人，那么这个人的表情、动作和拍摄角度，在画面中占的比例都要尽量不变。如果用户想做出“秒换服装”的效果，就必须做到除了服装款式之外，屏幕内的其他元素都不变，包括本人的动作表情之类的元素。同样的，如果用户想换一个背景，就以上一个场景的最后一个动作作为下一个场景的开始动作来继续拍摄。

例如，用户在上一个场景结束时，伸出右手手掌，从右往左平移到中间挡住摄像头，然后视频暂停；那么用户在拍摄下一个场景时，就要从右手手掌在中间挡住摄像头的这个画面开始继续拍摄。

上面这几种方法都是比较基础和简单的，用户可以结合抖音里的运镜达人的视频，多模仿和练习。同时，用户还可以更换例子里面的元素，利用好分段拍摄的功能，发散思维，做出更多酷炫的效果。

5. 善于运用小道具和后期

一段普通的视频很容易被湮没，若想获得更多的关注，一定要提高视频质量和品位，这就需要更为复杂的后期玩法了。除了前期的拍摄，视频的呈现效果还取决于善于运用道具、滤镜和后期，所以在抖音上的成功也是来之不易的。

进入抖音拍摄界面，点击左下角的“道具”按钮，展开道具菜单，用户可以根据视频内容或者自己的喜好，选择相应的道具类型，除了场景道具外，还有很多手控和声控道具，用户根据屏幕提示做相应的操作即可。

拍摄好视频后，点击“特效”按钮，进入“滤镜特效”界面，按住相应的特效按钮，视频会自动开始播放，松开后会在这段视频上添加该特效。用户可以重复执行该操作，继续添加其他滤镜特效。

道具和滤镜的正确配合，可以对视频起到很好的点缀和优化作用。另外，每种特效里面也有很多种选择，用好这些后期特效也能带来意想不到的效果，而且还可以利用道具和特效来掩盖拍摄中的瑕疵。总之，开动脑筋，先构思好你的剧本，再用前面说的技巧玩出花样，相信你很快就能做出令自己意想不到的短视频作品。

2.1.2 抖音短视频的 8 个拍摄技巧

抖音的很多功能与小咖秀类似，但不同的是，抖音用户可以通过视频拍摄的快慢、视频编辑和特效等技术让作品更具创造性，而不是简单地对嘴型。下面介绍抖音短视频的 8 个拍摄技巧，帮助用户方便、快捷地制作出更加优质的短视频内容。

1. 远程控制暂停更方便

在拍摄时，如果手机摆放位置比较远，此时用户可以利用“倒计时”功能来远程控制暂停录制。在拍摄界面点击“倒计时”按钮，例如我们只要拍摄 10s 就暂停，将暂停拉杆拖到 10s 的位置处即可。然后点击“开始拍摄”按钮，当拍摄到第 10s 的时候就会自动暂停。

2. 善于利用合拍蹭热门

“合拍”是抖音 App 的一种有趣的新玩法，如“黑脸吃西瓜合拍”“瞪猫的合拍”“西瓜妹合拍”以及“记者拍摄合拍”等，出现过不少的爆款作品。找到想要合拍的视频，点击分享按钮，在弹出“分享到”菜单中，点击“合拍”按钮，如图 2-2 所示。然后用户可以添加道具、设置速度和美化效果等，点击“拍

摄”按钮即可开始合拍，如图 2-3 所示。

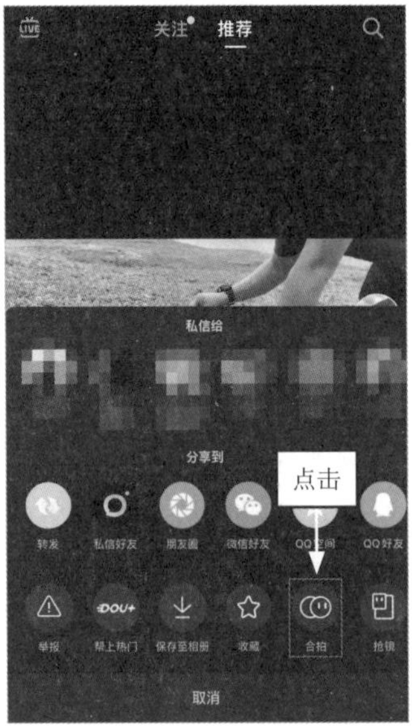

图 2-2 点击“合拍”按钮

图 2-3 合拍短视频

3. 调整合适的快慢速度

用户在使用抖音拍摄过程中，不仅可以选择滤镜和美颜等，还可以自主调节拍摄速度。其中，快慢速度调整和分段拍摄是抖音最大的特点，利用好这两个功能就能拍摄出很多酷炫的短视频效果。

快慢速度调整就是调整音乐和视频的匹配。如果选择“快”或者“极快”，拍摄的时候音乐就会放慢，相应的视频成品中的画面就会加快。反之，如果选择“慢”或者“极慢”，拍摄时的音乐就会加快，成品中的画面就会放慢。

快慢速度调整功能有助于创作者找准节奏，一方面，可以根据自己的节奏做对应的舞蹈和剪辑创作，会使拍摄过程更舒服。另一方面，不同的拍摄节奏，也会大大降低内容的同质化。即使是相似的内容，不同的节奏所展现出的效果也是截然不同的。

如果放慢了音乐，你能更清楚地听出音乐的重音，也就更容易卡到节拍。这就降低了用户使用的门槛，让一些没有经过专业训练的人也能轻松卡住节拍。如果加快了音乐，就会相应地放慢你的动作，最后的成品也会有不一样的效果。配合后面要说的分段拍摄，控制好你的快慢节奏，也会拍出不错的效果。

4. 分段拍摄视频更有创意

抖音可以分段拍摄短视频，也就是你可以拍一段视频暂停之后再拍下一段，最后拼在一起形成一个完整的视频。只要两个场景的过渡转场做得足够好，最后视频的效果也会很酷炫。

5. 防止抖动保证对焦清晰

手抖是很多视频拍摄者的致命伤。在拍摄视频时，千万注意手不能抖，要时刻保持正确的对焦，这样才能拍摄出清晰的视频效果。为了防止抖动，用户可以将手机放在支架上或者找个东西立起来，必要时可以使用自拍杆。

6. 注意光线增强画面美感

拍摄短视频时光线十分重要，好的光线布局可以有效地提高画面质量。尤其是在拍摄人像时要多用柔光，会增强画面美感，要避免明显的暗影和过度曝光。如果光线不清晰，可以手动打光，将灯光打在人物的脸上或用反光板调节。同时，用户还可以用光线进行艺术创作，比如用逆光营造出缥缈、神秘的艺术氛围。

在光线不好的地方，尤其是晚上昏暗一些的时候，拍照时经常会遇到这样的情况，用带滤镜的 App 拍照，画面非常模糊，此时可以开启闪光灯功能拍摄。

7. 选对视频拍摄的分辨率

在使用其他相机应用拍摄视频时，一定要选对文件格式，要将分辨率调到最高水平。同时，注意将“录像码率”设置为“高”，可以得到更好的视频画质。“码率”就是视频的取样率，单位时间内取样率越大，精度就越高，拍摄出来的视频文件就越接近原始文件。

8. 切换场景和添加时间特效

用户在拍摄视频前，应先想想自己的主题，然后想想在此主题下可以在哪些场景拍摄。即使是同一个场景，用户可以不失时机地换个背景，也可以从远处将镜头拉近，或者可以从近处将镜头拉远，甚至可以斜着拍来避免视频过于单调，让视频画面更加生动。当然，你也可以选择在同一个场景内加入或更换一些道具，这些小细节往往会带来意想不到的效果。

另外，抖音 App 中拥有非常多的“时间特效”玩法，如“时光倒流”“反复”和“慢动作”等。正常录完视频进入预览界面，点击“特效”按钮，选择“时间”

选项，便可以进行“时间特效”的设置。

2.1.3 抖音原创内容的 5 大玩法

如果你看过抖音就会发现，生活中处处是达人。这也就意味着，只要有条件，“素人”完全可以变成“网红”，甚至是明星。所以说，抖音为什么这么火？除了自己的特色吸引用户之外，根本上还得益于如今的客观大环境，现在这样一个全民娱乐的信息时代，一切皆有可能。大家又会问，那我应该在抖音上拍什么？下面介绍抖音原创内容的 5 大玩法，大家可以参考和借鉴。

1. 技术流

所谓的“技术流”，包括各种技术：舞蹈、视频特效、手工以及厨艺等。凡是有以上特长体现的视频，十有八九都会被二次传播。“技术流”常见的技巧包括 transition、运镜、转场、剪辑和特殊技巧等。

transition 的中文意思是“变换”，很多短视频都是运用多组镜头和特效变换合成的，中间充满了各种“变换”效果，所以看起来会非常的炫酷。制作 transition 类型的视频需要一定的视频制作基础知识，要熟练运用一些剪切视频软件、渲染特效软件以及 P 图软件。

2. 音乐类

音乐类短视频玩法可以分为原创音乐类、跟随歌词进行舞蹈和剧情等创作的演绎类，以及对口型的表演类。

（1）原创音乐类：原创音乐比较有技术性，要求用户有一定的创作能力，能写歌或者会翻唱改编等，这里我们不做深入讨论。

（2）跟随歌词进行舞蹈：音乐类的这种舞蹈更加偏向于情绪的表演，注重情绪与歌词的关系，对于舞蹈的力量感的专业性要求不是很高，对舞蹈功底也基本没有要求。例如，音乐类的手势舞，用户只需用手势动作和表情来展现歌词内容，将舞蹈动作卡在节奏上即可。

（3）对口型表演类：对口型表演类的玩法难度会更高一些，因为用户既要考虑到情绪的表达，还有口型的准确性。所以，在录制的时候，可以先选择开启“快”速度模式，然后你对口型的音乐就会变得很慢，可以更准确地进行对口型的表演。同时，大家要注意表情和歌词应配合好，每个时间点出现什么歌词，你就要做什么样的口型。

3. 舞蹈类

除了比较简单的音乐类手势舞外，抖音上面还有很多比较专业的舞蹈视频，包括个人、团队、室内以及室外等类型，同样讲究与音乐节奏的配合。例如，比较热门的有“嘟拉舞”“panama 舞”“heartbeat 舞”“搓澡舞”“seve 舞步”“boom 舞”“98K 舞”以及“劳尬舞”等。舞蹈类玩法需要用户具有一定的舞蹈基础，同时比较讲究舞蹈的力量感，这些都是需要经过专业训练的。

4. 科普类

抖音的主流内容玩法依然是音乐、创意和各种搞笑类视频，但是也出现了很多正能量视频和科普教育类的作品，如育儿知识、养生课堂，以及健身科普等领域的内容。

5. 情感类

抖音上的情感类短视频玩法，主要是将情感文字录制成语音，然后配合相关的视频背景来渲染情感氛围。更专业的玩法可以拍一些情感类的剧情故事，这样会更具有感染力。另外，情感类短视频的声音处理非常重要，用户可以找专业的录音公司帮你转录，从而让观众深入情境之中，产生极强的共鸣感。

2.1.4 上抖音热门的 5 大前提要求

对于上热门，抖音官方做了一些基本要求，这是大家必须知道的基本原则，本节将介绍具体的内容。

1. 个人原创内容

抖音上热门的第一个要求就是视频必须为个人原创。很多人开始做抖音原创之后，不知道拍摄什么内容，其实这个内容的选择没那么难，可以从以下几个方面入手。

（1）可以记录你生活中的趣事。

（2）可以学习热门的舞蹈、手势舞等。

（3）配表情系列，利用丰富的表情和肢体语言与表情进行配合。

（4）旅行记录，将你所看到的美景通过视频展现出来。

另外，我们也可以换位思考，如果我是粉丝，希望看到什么内容？即使不换位思考，也可以回顾一下，我们在看抖音的时候爱看什么内容的？搞笑的肯定是爱看的，如果一个人拍的内容特别有意思，用户绝对会点赞和转发；还有情感类的、励志的、“鸡汤”的等。如果内容能够引起用户的共鸣，那用户肯定也会愿意关注。

上面的这些内容属于广泛关注的，还有细分的。例如，某个用户正好需要买车，那么关于鉴别车辆好坏的视频就会成为他关注的内容；再比如，某人比较胖，想减肥，那么减肥类的他也会特别关注。所以，这就是我们关注的内容，同样也是创作者应该把握的原创方向。看自己选择什么领域，那么就做这个领域人群关注的内容。

2. 视频完整度

在创作短视频时，虽然只有15秒，但也一定要保证视频时长和内容的完整度，视频短于7秒是很难被推荐的。保证视频时长才能保证视频的基本可看性，内容演绎得完整才有机会上推荐。如果你的内容卡在一半就结束了，用户看到是会很难受的。

3. 没有产品水印

抖音中的热门视频不能带有其他App水印，而且不能使用不属于抖音的贴纸和特效，虽然这样的视频可以发布，但不会被平台推荐。

4. 高质量的内容

即使是抖音这样追求颜值和拍摄质量的平台，内容也永远是最重要的，因为只有吸引人的内容，才能让人有观看、点赞和评论的欲望。想要上热门，肯定是要有好的作品质量，视频清晰度要高。抖音视频吸引粉丝是一个漫长的过程，所以用户要循序渐进地出一些高质量的视频，学会维持和粉丝的亲密度，多学习一些比较火的视频拍摄手法及选材。相信通过个人的努力，你也能拍摄出火爆全网的抖音视频。

5. 积极参与活动

对于平台推出的活动一定要积极参与。参与那些刚刚推出的活动后，只要你的作品质量过得去，都会获得不错的推荐，运气好就能上热门。抖音App内已经引入了“抖音小助手”，用来引导教学。所以用户在发布视频时，也可以积极 @ 抖音小助手来增加被推荐的机会。

2.1.5　抖音 8 大热门内容形式

做抖音运营对于那些爆款产品一定要时刻保持敏锐的嗅觉，及时地去研究、分析、总结他们背后成功的原因。不要一味地认为那些成功的人都是运气好，而要思考和总结他们是如何成功的，多积累成功的经验。站在“巨人的肩膀”上，你才能看得更高、更远，才更容易超越他们。下面笔者总结了抖音短视频的 8 大热门内容类型，给大家作为参考。

1. 高颜值

为什么把“高颜值”的帅哥美女摆在第一位？笔者总结这一点的原因很简单，就是通过抖音的粉丝作为依据，这也是最有力的依据了。根据 2019 年 12 月 20 日的数据，抖音粉丝排行第一名是“陈赫”，第二名是“Dear- 迪丽热巴”，他们的粉丝数量都超过了 5000 万，如图 2-4 所示。不可否认的是，这两人的颜值都比较高，而且他们获得的点赞数据都超过了 1 亿。这说明粉丝的黏性非常高，非常活跃。

图 2-4　“高颜值”的主播非常容易吸粉

在他们后面，粉丝数前十的还包括 Angelababy、郭聪明等。也就是说，抖音粉丝前十的账号，“高颜值”类的就占据了半壁江山。

由此不难看出，颜值是抖音营销的一大利器。只要长得好看，即便没有过人的技能，随便唱唱歌、跳跳舞、拍个视频也能吸引一些粉丝。这一点其实很好理解，毕竟谁都喜欢看好看的东西。很多人之所以刷抖音，并不是想通过抖音学习什么，而是借助抖音打发一下时间。在他们看来，看一下帅哥、美女本来就是一种享受。

2. 炫技能

许多抖音用户是抱着猎奇的心态刷抖音的。那么，什么样的内容可以吸引这些抖音用户呢？其中一种就是炫技能类的内容。为什么呢？因为抖音用户看到自己没有掌握的技能时，会感到不可思议。技能包含的范围比较广，既包括各种绝活，也包括一些小技巧。如图 2-5 所示，展示的就是一个自制肥皂的技能。

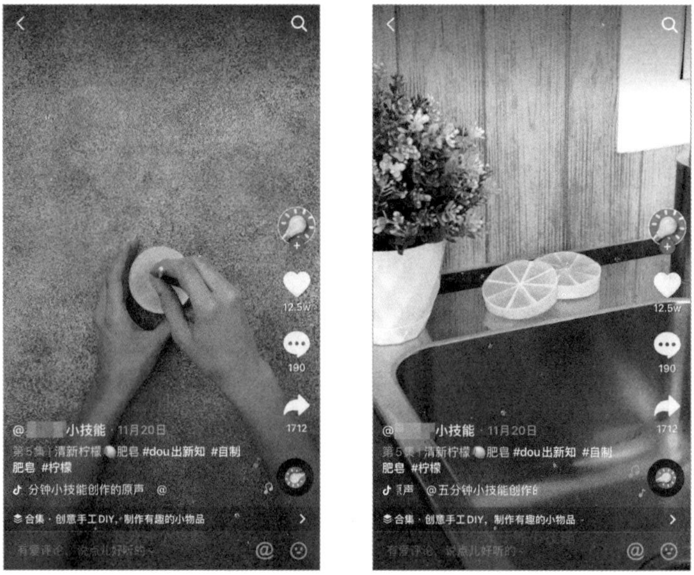

图 2-5 通过短视频炫技能吸引众人关注

很多技能都是长期训练之后的产物，普通抖音用户可能不会轻松地掌握。其实，除了难以掌握的技能之外，我们也可以在抖音中展示一些抖音用户学得会、用得着的技能。比如，许多爆红抖音的技能便属于此类，如图 2-6 所示。

与一般的内容不同，技能类的内容能让一些抖音用户觉得像是一个新大陆。因为此前从未见过，所以会觉得特别新奇。如果觉得视频中的技能在日常生活中用得上，就会进行收藏，甚至将视频转发给自己的亲戚、朋友。因此，只要你在视频中炫的技能在抖音用户看来是实用的，那么播放量通常也会比较高。

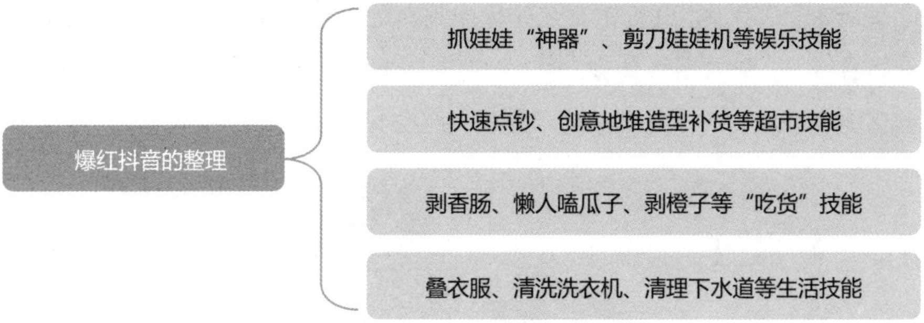

图 2-6　爆红抖音的整理技能示例

3. 才艺展示

才艺包含的范围很广，除了常见的唱歌、跳舞之外，还包括摄影、绘画、书法、演奏、相声、脱口秀等。只要视频中展示的才艺足够独特，并且能够让抖音用户觉得赏心悦目，那么，视频很容易地就能上热门。下面笔者分析和总结了一些抖音“大 V”们的不同类型的才艺内容，看看他们是如何成功的。

（1）演唱才艺

例如，摩登兄弟组合中的刘宇宁不仅拥有较高的颜值，而且歌声非常好听，还曾在各种歌唱节目中现身，展示了非凡的实力。这也让摩登兄弟从默默无闻到拥有了超过 3000 万抖音粉丝，如图 2-7 所示为摩登兄弟的抖音主页。

图 2-7　摩登兄弟的抖音主页

（2）舞蹈才艺

“代古拉 k”给抖音用户留下深刻记忆的除了她动感的舞蹈，还有单纯美好的甜美笑容。“代古拉 k”的真名叫代佳莉，是一名职业舞者，她拍的舞蹈视频很有青春活力，给人朝气蓬勃、活力四射的感觉，跳起舞蹈来更是让人心旌荡漾，在抖音上迅速走红，如图 2-8 所示为“代古拉 k”的相关短视频。

图 2-8 “代古拉 k”的相关短视频

“代古拉 k”在成名前，除了短视频平台之外，从未参加过任何综艺节目，如今也踏上了《快乐大本营》的舞台，前途不可限量。要知道“网红”能登上电视节目，这就是对她本身的一种肯定，对自身的知名度也有很大的影响。

才艺展示是塑造个人 IP 的一种重要方式。而 IP 的塑造，又可以吸引大量精准的抖音粉丝，为 IP 的变现提供良好的前景。因此，许多拥有个人才艺的抖音运营者，都会注重通过才艺的展示来打造个人 IP。

4. 美景美食

关于“美”的话题，从古至今，有众多与之相关的形容词，如沉鱼落雁、闭月羞花、倾国倾城等，除了表示其漂亮外，还附加了一些漂亮所引发的效果在内。可见颜值高还是有着一定影响力的，有时甚至会起决定作用。

这一现象同样适用于抖音引流。当然，这里的“美”并不仅仅是指人，它还包括美景、美食等。抖音电商运营者可以通过在短视频中将美景和美食进行展示，让抖音用户共同欣赏。

从人的方面来说，除了先天条件之外，想要变美，有必要在自己所展现出来的形象和妆容上下功夫：让自己看起来显得精神，有神采，而不是一副颓废的样子。这样也是能明显提升颜值。

从景物、食物等方面来说，是完全可以通过其本身的美再加上高超的摄影技术来实现的，如精妙的画面布局、构图和特效等，就可以打造出一个高推荐量、播放量的短视频文案。如图 2-9 所示为有着高颜值的美食、美景短视频内容。

图 2-9　关于美食、美景的短视频

抖音的发展为许多景点带来了发展机遇，许多景点甚至是城市也开始借助抖音来打造属于自己的 IP。比如，许多人在听了赵雷的《成都》之后，会想看看“玉林路”和“小酒馆”的模样；许多人看到摔碗酒之后，会想去西安体验大口喝酒的豪迈；许多人在抖音看到重庆“穿楼而过的轻轨”时，会想亲自去重庆体验轻轨从头上“飞”过的奇妙感觉。

“抖音同款”为城市找到了新的宣传突破口，城市中每个具有代表性的小吃、建筑和工艺品都被高度地提炼，配以特定的音乐、滤镜和特效，打造成一个个视频，并在视频中设置地点。抖音用户看到视频之后，如果想要亲自体验，就会到对应的地点进行打卡。

5. 萌娃萌宠萌妹子

萌往往和“可爱”这个词对应。所以，许多抖音用户在看到萌的事物时，都会忍不住想要多看几眼。在抖音中，根据展示的对象，可以将萌分为 3 类，一是萌娃；二是萌宠；三是萌妹子。下面就来分别进行分析。

（1）萌娃

萌娃是深受抖音用户喜爱的一个群体。萌娃本身看着就很可爱了，而且他们的一些行为举动也会让人觉得非常有趣。所以与萌娃相关的视频，就能很容易地吸引许多抖音用户的目光。

（2）萌宠

萌不是人的专有名词，小猫、小狗等可爱的宠物也是很萌的。许多人之所以养宠物，就是觉得萌宠们特别惹人怜爱。如果能把宠物日常生活中惹人怜爱、憨态可掬的一面通过视频展现出来，也能吸引许多抖音用户，特别是喜欢萌宠的抖音用户前来围观。

也正是因为如此，抖音上兴起了一大批萌宠“网红”。例如，抖音号会说话的刘二豆粉丝数超过了 4369 万，内容以记录两只猫在生活中遇到的趣事为主，视频中经常出现抖音上的“热梗”，配以“戏精”主人的表演，给人以轻松愉悦之感，如图 2-10 所示。

图 2-10　会说话的刘二豆的相关短视频

要成为一名出色的萌宠类播主，需要重点掌握一些内容策划的技巧，具体如下。

① 让萌宠人性化。比如，可以从与萌宠的日常生活中，找到它的“性格特征”，并通过剧情的设计，对萌宠的“性格特征”进行展示和强化。

② 让萌宠拥有特长。比如，可以通过不同的配乐，展示宠物的舞姿，把宠物打造成“舞王”。

③ 配合宠物演戏。比如，可以拍一个萌宠的日常，然后，通过后期配音，让萌宠和主人“说话”。

（3）萌妹子

萌妹子们身上统统会自带一些标签，如爱撒娇、天然呆、温柔、容易害羞等。在这些标签的加持下，抖音用户在看到视频中的萌妹子时，往往都会心生怜爱和保护之情。

抖音上的各种“萝莉”都非常火，如她们不仅有着非常性感、迷人的身材，而且风格很二次元，经常穿着“lo 服”，甜美的造型加上萌妹子的身材，很受宅男网友的欢迎。例如，“蔡萝莉”凭借着好身材、高颜值以及 COS 各种类型人物，在抖音上受到了极大关注，如图 2-11 所示为“蔡萝莉”的相关短视频。

图 2-11　蔡萝莉的相关短视频

6. 幽默搞笑

幽默搞笑类的内容一直都不缺观众。许多抖音用户之所以经常刷抖音，主要就是因为抖音中有很多短视频内容能够逗人一笑。所以，那些笑点十足的短视频内容，很容易在抖音中火爆。

如图 2-12 所示为短视频中，儿子为了让父亲帮他买鞋，就修改了考试分数。就在儿子满心欢喜地选鞋子之际，父亲通过网络搜索试题的答案，便更正了儿子的考试分数。由于孩子的考试分数很低，还弄虚作假，父亲便穿着跆拳道的服装，向儿子鞠了个躬，然后，一脚踢向儿子。因为儿子的前后待遇差距很大，再加上父亲打人还像与人切磋一样穿上跆拳道服装并鞠躬。所以抖音用户一般都会觉得非常搞笑。

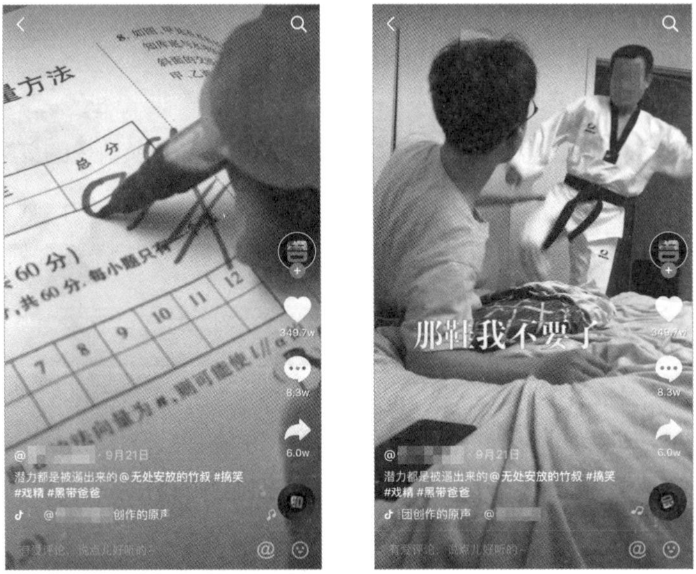

图 2-12　幽默搞笑型短视频

7. 知识输出

如果抖音用户在看完你的短视频之后，能够获得一些知识，那么，抖音用户自然会对你发布的短视频内容更感兴趣。

许多人觉得化学这门课程学习起来比较难，也很难对它提起兴趣。而向波老师便是结合世间万物将化学知识进行输出，让原本枯燥的课程变得很有趣味性。

所以，其发布的短视频很容易就吸引了大量抖音用户。如图 2-13 所示为向波老师发布的相关短视频。

图 2-13　向波老师发布的相关短视频

8. 普及推广

有时候专门拍摄短视频内容比较麻烦，如果抖音电商运营者能够结合自己的兴趣爱好和专业打造短视频内容，就大众比较关注的一些方面进行信息的普及，那么短视频的制作就会变得容易得多。而且如果觉得你普及的内容具有收藏价值，抖音用户也会很乐意给你的短视频点赞。

例如，酷狗音乐主要是对音乐进行普及；手机摄影构图大全主要是对摄影技巧进行普及。因为音乐和摄影都有广泛的受众，而且其分享的内容对于抖音用户也比较有价值，所以，这两个抖音号发布的短视频内容都能得到不少抖音用户的支持。如图 2-14 所示为这两个抖音号发布的短视频。

图 2-14　普及推广型短视频

2.2 内容营销：打造爆款内容的 5 个技巧

要想打造出爆款视频，还得掌握内容营销的技巧。这一节笔者就来重点为大家介绍 5 种内容营销技巧，让大家可以更好地打造出爆款视频。

2.2.1 搬运法：视频改编

搬运法并非直接将视频搬运过来发布到抖音平台上。而是将视频搬运过来之后，适当地进行改编，在原视频的基础上，增加自身的原创内容。

如图 2-15 所示的短视频，就是在搬运海绵宝宝的基础上，对视频进行了重新配音。因为视频本身就具有一定的趣味性，再加上后期的搞笑方言配音，所以抖音用户看到之后往往会觉得非常有趣，便纷纷点赞、评论。于是，这一条运用搬运法打造的视频很快就火了。

图 2-15　在搬运视频中加入方言配音

需要特别注意的是，最好不要搬运他人在抖音中发布的视频。更不要将他人在抖音中发布的视频直接搬运过来发布。因为这样的视频发布之后，会在画面的左上方或右下方出现他人的抖音号信息，如图 2-16 所示。

图 2-16　直接搬运他人发布的抖音短视频

这样一来，抖音用户一看就知道你是直接搬运别人的短视频。而且对于这种直接搬运他人的抖音视频，抖音平台也会进行限流。因此，这种直接搬运他人短视频的抖音视频，基本上是不可能成为爆款短视频的。

2.2.2 模仿法：照葫芦画瓢

模仿法就是根据抖音平台上已发布的短视频，照葫芦画瓢打造自己的视频。这种方法常用于已经形成热点的内容。因为一旦热点形成，模仿与热点相关的内容，会更容易获得抖音用户的关注。

比如，2019 年 12 月，随着歌曲《火红的萨日朗》走红，抖音上出现了“# 草原最美的花”话题，许多人在该话题下以这首歌为背景跳起了舞，而且舞姿基本上都是统一的，如图 2-17 所示。这便是运用模仿法在拍摄短视频。

图 2-17　运用模仿法拍摄的短视频

2.2.3 扩展法：内容延伸

扩展法就是在他人发布内容的基础上，适当地进行延伸，从而生产出新的原创性内容。与模仿法相同，扩展法参照的对象也以抖音上的热点内容为佳。

比如，有一段时间《牧马人》这部电影突然在抖音上火了，许多人对电影中的一句台词“老许，你要老婆不要”，印象深刻。于是许多抖音账号运营者开始结合这句台词，将单身女性带入电影女主角的身份，打造新的短视频，如图 2-18 所示。这种视频像是变着法了在找对象，于是快速吸引了一些抖音用户的围观。

图 2-18　运用模仿法拍摄的短视频

2.2.4　嵌套法：借助模板

嵌套法就是通过借助已有的模板打造视频内容。如图 2-19 所示就是运用关于电影《牧马人》的模板打造的短视频内容。

图 2-19　运用嵌套法拍摄的短视频

这种内容打造方法的优势在于，抖音账号运营者只需将自身的视频内容嵌入模板中就能快速打造出一条新视频，而且新增的内容与模板中原有的内容还能快速产生联系。

2.2.5　翻转法：反差体验

翻转法，也称为反转法。这种方法的核心就是通过前后内容的差异性，让抖音用户在查看视频时获得反差体验。

如图 2-20 所示的视频中，一位职员在某小区碰到自己的老板，就问老板住在哪里。老板说是住在 4 号楼（意思是 4 号楼他都买下来了）。就在大家感受老板的豪气时，老板的司机从车里伸出头说，小区里压根就没有 4 号楼。于是老板就这样被“打脸”了。而抖音用户在感受到老板前后形象的反差之后，也是不禁莞尔一笑。

图 2-20　运用翻转法拍摄的短视频

2.3 大数据运营：助你打造精准的抖音爆款

在运营抖音号的过程中，一定要做好大数据运营。因为通过大数据运营，可以助你更好地打造精准的抖音爆款。

2.3.1 实时监测：不放过任何一个流量机会

实时监测可以帮助运营者了解抖音账号的运营情况，避免错过任何一个流量机会。通常来说，实时监测可以分为两类，即视频监测和账号监测。下面就以 99 抖商平台为例进行说明。

1. 视频监测

要做视频监测，首先要在抖音中找到需要监测的视频，点击视频中的按钮，在弹出的“分享到”对话框中，点击“复制链接”按钮，如图 2-21 所示。

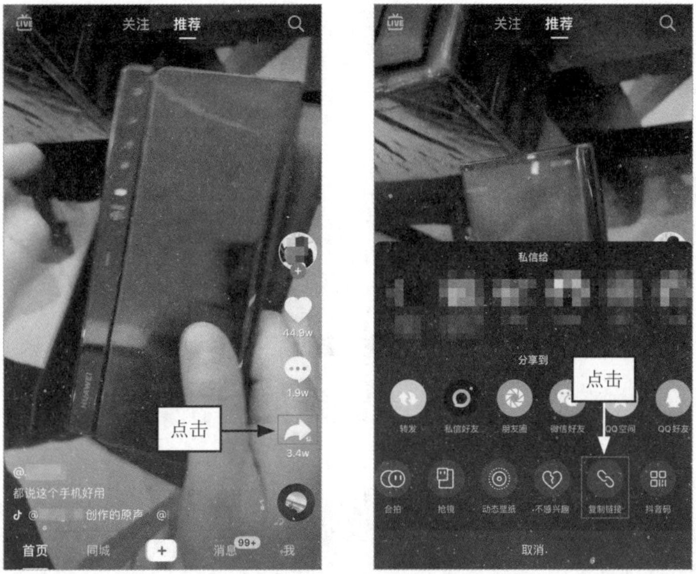

图 2-21　点击“复制链接”按钮

链接复制完成后，进入 99 抖商平台。选择“达人监控”中的“添加监控”选项，在“监控视频”版块粘贴抖音视频的链接，并点击后方的“查询”按钮，如图 2-22 所示。

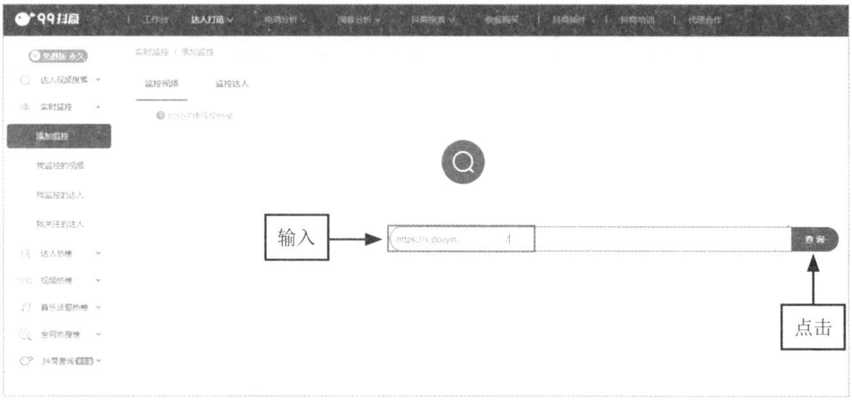

图 2-22　点击“查询”按钮

操作完成后，进入视频监控设置界面。在该界面设置监控信息，并点击“开始监控”按钮，便可开始对视频进行监控，如图 2-23 所示。

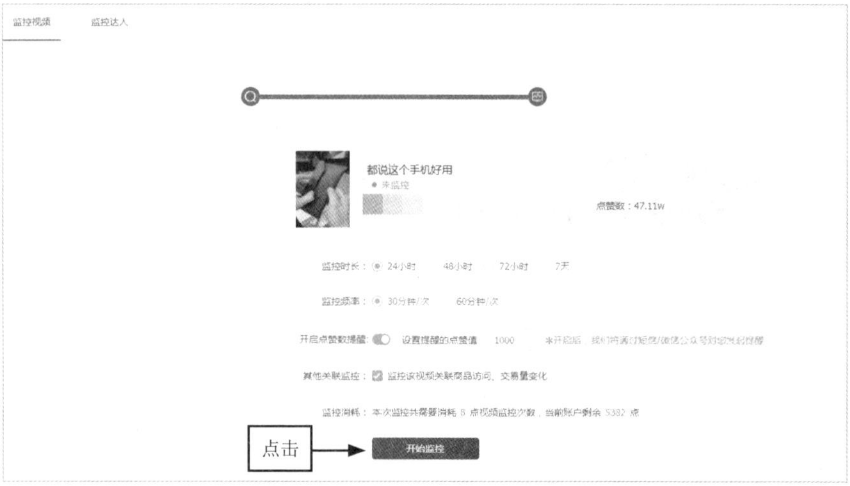

图 2-23　视频监控设置界面

2. 账号监控

账号监控的操作相对来说，比视频监控要简单一些。抖音运营者只需在“监控达人”版块的搜索栏中搜索需要监控的抖音账号，便可进入如图 2-24 所示的账号监控设置界面。

图 2-24　账号监控设置界面

抖音运营者只需在账号监控设置界面中设置相关监控信息，并点击界面中的“开始监控”按钮，便可开始对目标账号的监控。

2.3.2　电商分析：让抖音变现更简单一点

在运营抖音号的过程中，账号运营者可以通过电商分析，让抖音变现变得更简单。比如，可以在 99 抖商平台进入“电商分析”中的“商品排行榜”和“商品飙升榜”界面，如图 2-25、图 2-26 所示。查看抖音中哪些商品比较受欢迎，然后将这些商品作为自身销售的重点。

图 2-25　“商品排行榜”界面

图 2-26　“商品飙升榜”界面

除了商品之外，抖音运营者还可以在视频内容上进行分析。比如，可以在 99 抖商平台进入“电商分析”中的“电商视频榜”界面，查看哪些内容更受抖音用户的欢迎，如图 2-27 所示。然后结合这些视频的内容和表现形式，打造自己的视频，让打造的视频更容易实现变现。

图 2-27　“电商视频榜”界面

2.3.3　达人打造：打造特色鲜明的个人 IP

如果抖音运营者注重账号特色鲜明的个人 IP 打造，那么账号打造的内容会更受到抖音用户的欢迎，粉丝的增长速度也会变得更快。当然，如果抖音运营经验比较有限，也可以进入 99 抖商平台中“达人打造”的“达人排行榜”和“粉丝排行榜”界面，查看哪些达人更受抖音用户的欢迎，如图 2-28、图 2-29 所示。然后分析这些达人的成功因素，并将其运用到日后的账号运营中。

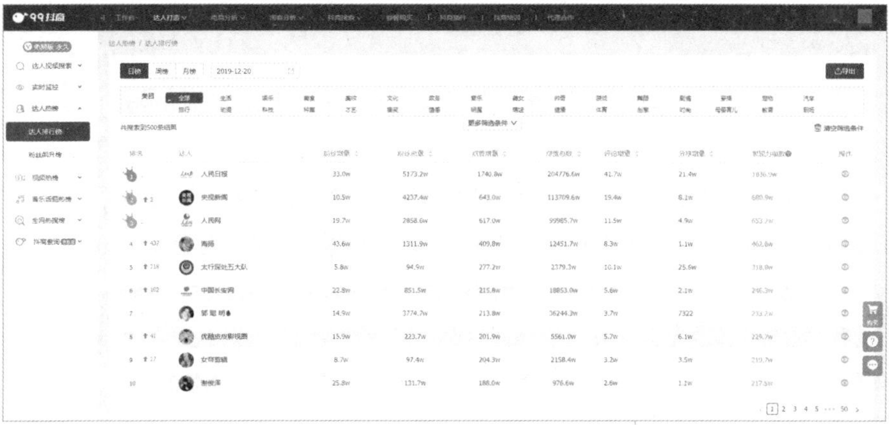

图 2-28　“达人排行榜”界面

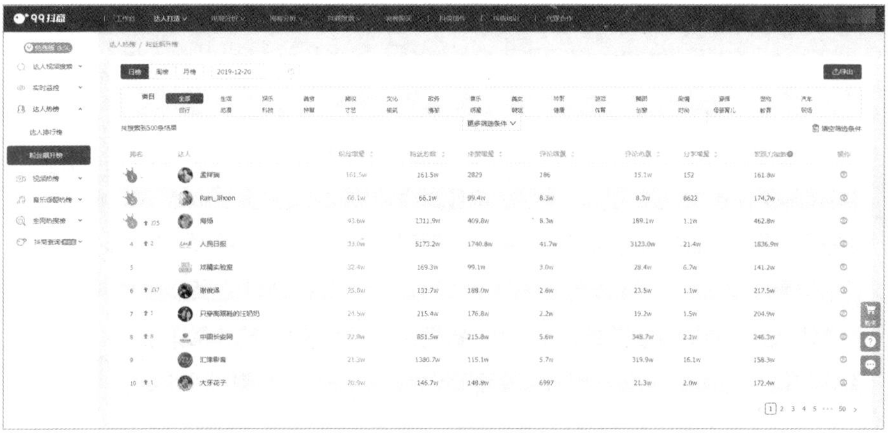

图 2-29　“粉丝排行榜”界面

除此之外，抖音运营者还可以借助账号监控功能，通过实时监控，查看账号的运营效果，并根据运营效果实时进行调整，从而打造出更受抖音用户欢迎的账号和个人 IP 形象。

第 3 章

吸粉引流：建立自己的私域流量池

许多抖音运营者都希望借助抖音实现快速变现，而要想让变现获得更好的效果，就必须通过不断地吸粉引流，建立自己的私域流量池。

那么，如何快速吸粉引流，建立自己的私域流量池呢？这一章笔者就带领大家从 3 个方面分别进行解读。

3.1 利用抖音引流很简单

互联网变现的公式是：流量 = 金钱。因此只要你有了流量，变现就不再是难题。而如今的抖音，就是一个坐拥庞大流量的平台。抖音电商运营者只要运用一些小技巧，就可以很简单地把流量引流到自己的抖音号，在抖音平台拥有自己的流量池。

3.1.1 抖音原创视频：吸引免费流量

有短视频制作能力的抖音运营者，原创引流是最好的选择。抖音运营者可以把制作好的原创短视频发布到抖音平台，同时在账号资料部分吸引免费流量，如在昵称、个人简介等地方，都可以留下联系方式，如图 3-1 所示。

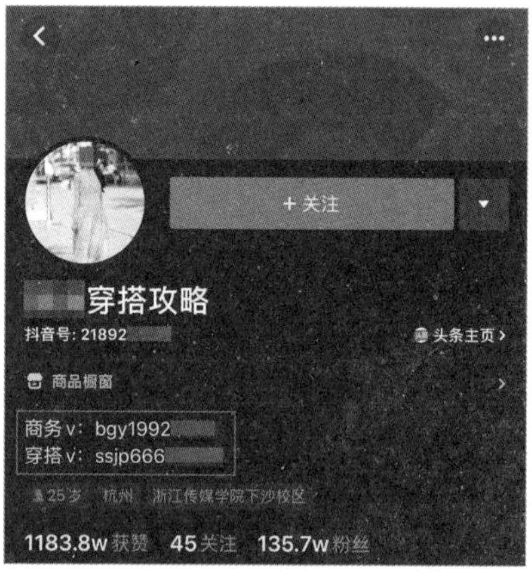

图 3-1 在账号资料部分进行引流

注意，不要在其中直接标注“微信”两个字，可以用拼音简写、同音字或其他相关符号来代替。只要用户的原创短视频的播放量越来越大，曝光率越来越高，引流的效果也就会越来越好。

抖音上的年轻用户偏爱热门和创意有趣的内容。同时在抖音的官方介绍中，抖音鼓励的视频是场景、画面清晰；记录自己的日常生活，内容健康向上，多人类、剧情类、才艺类、心得分享、搞笑等多样化内容，不拘于一个风格。抖音运营者在制作原创短视频内容时，可以记住这些原则，让作品获得更多的推荐。

3.1.2 “DOU+”功能：买推荐量引流

“DOU +”作品推广功能，是一种给短视频加热，让更多抖音用户看到短视频的功能。简单地理解，其实质就是通过向抖音平台支付一定的费用，花钱买热门，提高抖音短视频的穿搭率。

在抖音短视频 App 中，有两种使用“DOU +”作品推广功能的方法，即在个人主页使用和在视频播放页使用。接下来笔者将分别进行介绍。

1. 个人主页使用

在个人主页使用“DOU +”作品推广功能的步骤具体如下。

步骤 01 登录抖音短视频 App，进入“我”界面。点击界面中的按钮，在弹出的对话框中选择“服务”一栏下方的“DOU +上热门”选项，如图 3-2 所示。

步骤 02 操作完成后，进入如图 3-3 所示的“DOU +上热门”界面，在该界面中点击需要上热门的视频下方的“上热门”按钮。

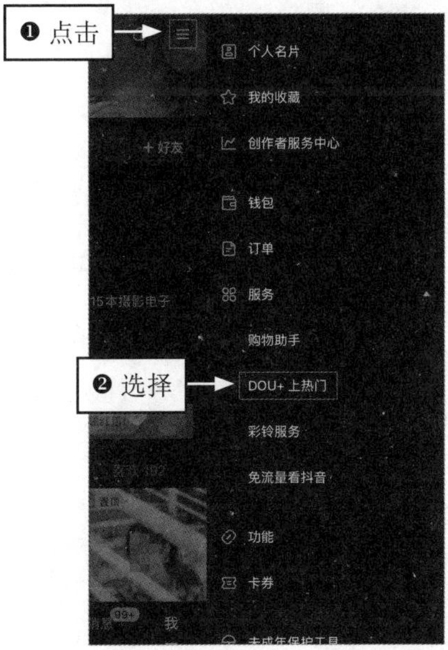

图 3-2 选择“DOU +作品推广”选项

图 3-3 “DOU +上热门”界面

步骤 03 操作完成后，进入“速推版”界面。“DOU ＋上热门”有两种方式可以选择，即“速推版”和“定向版”，如图 3-4 所示。在该界面中，我们可以查看被推广视频的相关信息和“DOU ＋”的预期效果等。我们只需点击下方的“支付”按钮，并支付相应的费用，就可以将短视频推上热门，提高其传达率。

图 3-4 “DOU ＋上热门”的两种方式

2. 视频播放页使用

除了在个人主页界面使用之外，“DOU ＋”作品推广功能还能在视频播放页使用，具体步骤如下。

步骤 01 打开需要推广的短视频，点击界面中的•••按钮，如图 3-5 所示。

步骤 02 操作完成后，界面中将弹出一个对话框，点击对话框中的“上热门”按钮，如图 3-6 所示。

步骤 03 操作完成后，进入“DOU ＋”作品推广界面。抖音运营者只需根据提示支付对应的费用，便可以借助“DOU ＋”作品推广功能进行推广引流了。

图 3-5　点击 ••• 按钮

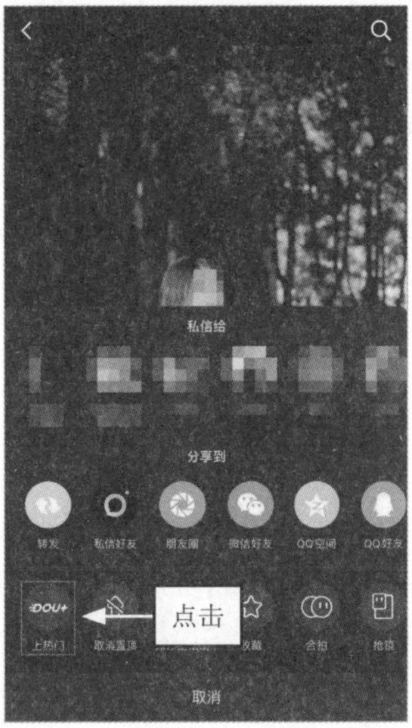

图 3-6　点击“上热门”按钮

3.1.3　植入广告：投放信息流广告引流

抖音电商运营者可以在抖音信息流广告中插入链接，通过视频内容营销，吸引粉丝点击，直接跳转到淘宝、天猫等网店或者电商功能页面。抖音用户可以直接下单购买相应的产品或服务，一站式地完成店铺的引流和转化，如图 3-7 所示。

图 3-7　信息流广告直接跳转至下单界面

这种卖货玩法的操作比较简单，只需要抖音电商运营者开通一个抖音信息流广告，并充值广告费，即可在抖音信息流中推广自己的店铺产品。

当然还有一些基本要求，包括企业营业执照、商标证书或授权、淘宝企业店或者天猫店等网店渠道。同时，抖音后台会自动统计流量数据，如展现量、点击量、点击率等，抖音电商运营者可以根据这些数据来优化调整广告计划出价。

3.1.4 内容互动：抖音评论区引流

许多抖音用户在看抖音视频时，会习惯性地查看评论区的内容。再加上抖音用户如果觉得视频内容比较有趣，还可以通过 @ 抖音账号，吸引其他抖音用户前来观看该视频。因此，如果将抖音用户的评论区利用得当，便可以起到不错的引流效果。

抖音视频文案中能够呈现的内容相对有限，这就有可能出现一种情况，那就是有的内容需要进行一些补充。此时，抖音运营者便可以通过评论区的自我评论来进一步进行表达。另外，在短视频刚发布时，可能看到视频的抖音用户不是很多，也不会有太多抖音用户进行评论。如果此时抖音用户进行自我评论，也能从一定程度上起到提高视频评论量的作用。

除自我评价补充信息之外，抖音运营者还可以通过回复评论解决抖音用户的疑问，引导抖音用户的情绪，从而提高产品的销量。

回复抖音评论看似是一件再简单不过的事，实则不然。为什么这么说呢？这主要是因为在进行抖音评论时还有一些事项需要注意，具体如下。

1. 第一时间回复评论

抖音运营者应该尽可能地在第一时间回复抖音用户的评论，这主要有两个方面的好处。一是快速回复抖音用户能够让抖音用户感觉到你对他（她）很重视，这样自然能增加抖音用户对你和你的抖音账号的好感；二是回复评论能够从一定程度上增加短视频的热度，让更多抖音用户看到你的短视频。

那么，如何做到第一时间回复评论呢？其中一种比较有效的方法就是在短视频发布的一段时间内，及时查看抖音用户的评论。一旦发现有新的评论，便在第一时间做出回复。

2. 不要重复回复评论

对于相似的问题，或者同一个问题，抖音运营者最好不要重复进行回复，这主要有两个原因。

一是很多抖音用户的评论中或多或少会有一些营销的痕迹，如果重复回复，那么整个评价界面便会看到很多有广告痕迹的内容，而这些内容往往会让抖音用户产生反感情绪。

二是相似的问题，点赞相对较高的问题会排在评论的靠前位置，抖音运营者只需对点赞较高的问题进行回复，其他有相似问题的抖音用户自然就能看到。而且这还能减少评论回复的工作量，节省大量的时间。

3. 注意规避敏感词汇

对于一些敏感的问题和敏感的词汇，抖音运营者在回复评论时一定要规避。

3.1.5 搭建团队：抖音矩阵引流

抖音矩阵就是通过多个账号的运营进行营销推广，增强营销的效果，获取稳定的流量池。抖音矩阵可分为两种，一种是个人抖音矩阵，即某个抖音运营者同时运营多个抖音号，组成营销矩阵；另一种是多个具有联系的抖音运营者一个矩阵，共同进行营销推广。

例如，代古拉 k 便是借助抖音矩阵打造了多个用户，且每个抖音号都拥有一定数量的粉丝，如图 3-8 所示。

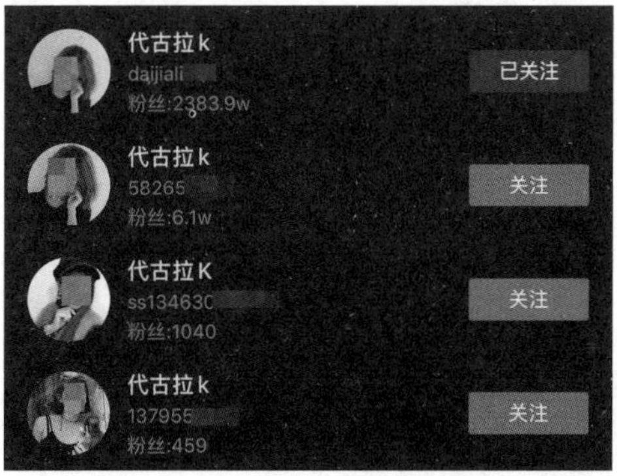

图 3-8 代古拉 k 的抖音矩阵打造

3.1.6 POI 认领：垂直行业线下引流

如果抖音运营者拥有自己的线下店铺，或者跟线下企业合作，建议大家一定要做 POI 认领，这样可以获得一个专属并且唯一的地址标签。只要能在高德地图上找到你的实体店铺，认证后即可在短视频中直接展示出来，如图 3-9 所示。

抖音运营者在上传视频时，如果给视频进行定位，会在红框位置显示定位的地址名称、距离等基本信息。点击定位后，跳转到“地图打卡功能页面”，在该页面能够显示地址的具体信息和其他用户上传的与该地址相关的所有视频，如图 3-10 所示。

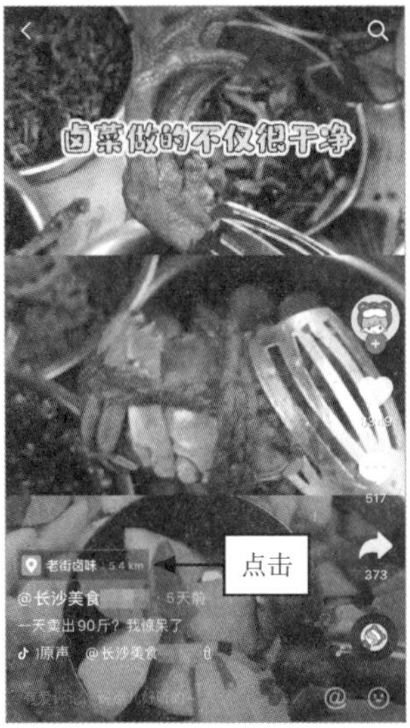

图 3-9　在视频中展现地址

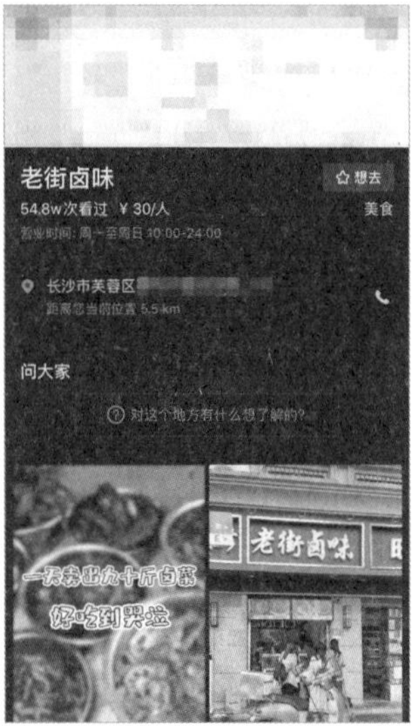

图 3-10　地图打卡功能页面

“抖商”可以通过 POI 页面，建立与附近粉丝直接沟通的桥梁，向他们推荐商品、优惠券或者店铺活动等，可以有效为线下门店导流，同时能够提升转化效率。

3.2 抖音快速涨粉必杀技

涨粉是众多抖音运营者追求的目标之一。那么，如何实现快速涨粉呢？这一节就为大家介绍 4 个必杀技。

3.2.1 “高潮”前置法，3 秒抓住用户

因为抖音中的内容非常丰富，所以很多抖音用户对于看到的视频会比较挑剔。如果你的视频不能从一开始就吸引住他（她），那么抖音用户很可能就会选择直接划过。

针对这一情况，我们不妨采用“高潮”前置法，把一些能吸引目光的内容放在视频的开头位置，在视频的前 3 秒就抓住用户的目光。从而让抖音用户有看完短视频的兴趣。

如图 3-11 所示的视频中，一开始就是司机摇下车窗对外面涂口红的一位美女说：“美女，我副驾驶有专门画口红的镜子”。而车外的美女听到之后，则很痛快地说了一句：“开门”。

图 3-11　用“高潮”前置法抓住用户目光

而该视频的标题为《我叫无情》，但是看完这个开头却没有体现出“无情”。所以许多抖音用户想要继续看下去，了解接下来发生了什么，抖音账号运营者为什么要说自己无情。

3.2.2 巧妙借势热点，实现快速涨粉

相比于一般内容，热点内容因为拥有一定的受众基础，所以通常更容易获得

大量抖音用户的关注。抖音运营者可以根据这一点，巧妙借势热点，打造与热点相关的短视频，从而实现快速涨粉。

比如，随着电视剧《庆余年》的热播，许多人开始了关于它的讨论。此时，抖音运营者就可以根据该电视剧的内容或者剧中的人物，表达自己的观点。从而通过引起抖音用户的共鸣，实现快速涨粉，具体如图 3-12 所示。

图 3-12　巧妙借势热点快速涨粉

3.2.3　巧用抖音官方小工具，快速涨粉

抖音官方不定期地会推出一些小工具，特别是一些特色的特效。每当一种趣味特效推出时，许多人就会使用该工具拍摄短视频。如果抖音运营者用好了这些特效，就能和抖音用户打成一片，实现快速涨粉。

比如，2019 年 12 月，抖音官方推出了卫衣宝宝特效，如图 3-13 所示。使用该特效之后，视频中的人物会变成卫衣宝宝的形象，让人觉得非常有趣。所以，就连迪丽热巴等明星也开始使用该视频拍摄短视频。对此，抖音账号运营者也可以通过该特效的使用，让自己以卫衣宝宝的可爱形象出现在抖音用户面前。

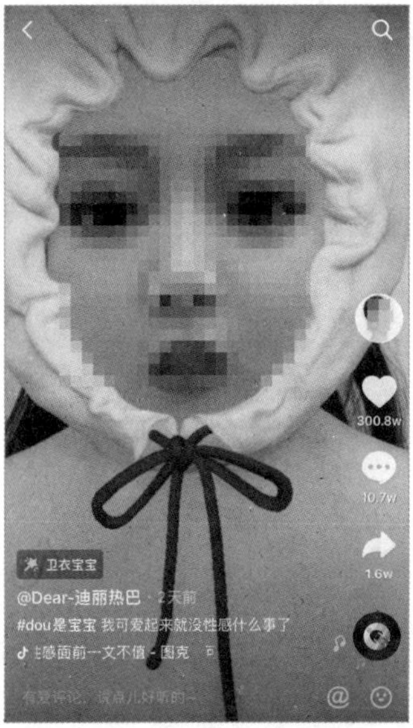

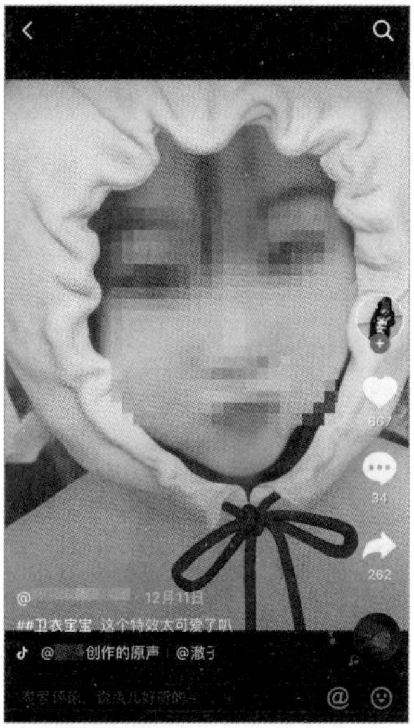

图 3-13　巧用抖音官方小工具快速涨粉

3.2.4　用抖音话题 / 挑战赛帮助快速涨粉

话题和挑战赛就相当于视频的一个标签。部分抖音用户在查看一个视频时，会将关注的重点放在查看视频添加的话题上；还有部分抖音用户在查看视频时，会直接搜索关键词或话题。

通常来说，用抖音话题和挑战赛的使用通常有两种方法，一种是在短视频中添加话题；另一种是主动开展和组织话题。接下来笔者就来分别进行说明。

1. 在短视频中添加话题

每一个话题都相当于短视频的一个标签，如果抖音运营者能够在短视频的文字内容中添加一些话题，便能吸引部分对该话题和标签感兴趣的抖音用户，从而在此基础上起到一定的引流作用。在笔者看来，抖音运营者在视频中添加话题时可以重点把握以下两个技巧。

（1）尽可能多地加入一些与视频中商品相关的话题，如果可以的话，可以在话题中指出商品的特定使用人群，增强营销的针对性；

（2）尽可能以推荐的口吻编写话题，让抖音用户觉得你不只是在推销商品，而是在向他们推荐实用的好物。

如图 3–14 所示的两个案例中，便很好地运用了上述两个技巧。不仅加入了与视频中商品相关的话题，而且话题和文字内容中营销的痕迹比较轻。

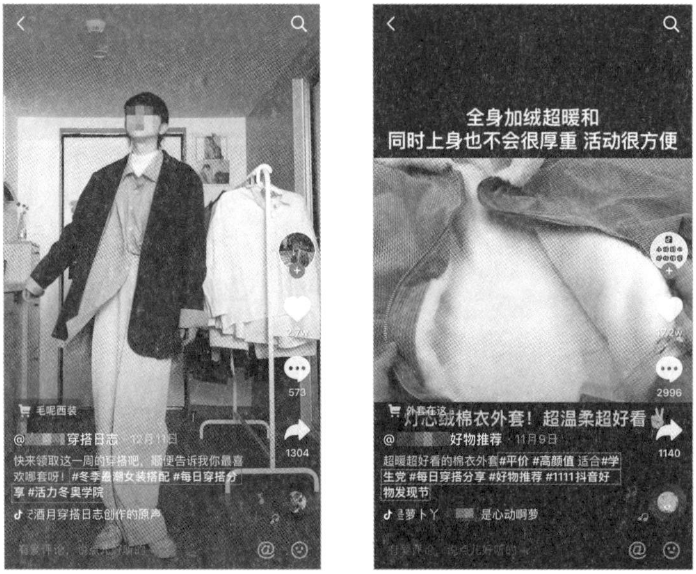

图 3–14　积极添加话题增加视频热度

2. 主动开展和组织话题

除了在短视频中添加话题之外，还可以通过主动开展和组织话题实现快速涨粉。当然，要想让自己开展和组织的话题能够快速吸引抖音用户，还得给出一些奖励才行。所以，开展和组织话题这种涨粉方式通常比较适合有一定影响力的蓝 V 企业号。

比如，安利日用品有限公司，便借助蓝 V 企业号安利君开展和组织了“# 安利一下美好发生”话题活动，并根据这个话题拍摄了一个用于展示的短视频，如图 3–15 所示。该话题一经推出之后，快速吸引了大量抖音用户的参与。与此同时，安利君这个抖音号也借助该活动获得了一大批粉丝。

图 3-15　主动开展和组织话题

3.3 抖音打造私域流量池

抖音运营者如果想长期获得精准的流量，则必须不断积累，将短视频吸引的粉丝导流到微信平台上，把这些精准的用户“圈养”在自己的私域流量池中，并通过不断的导流和转化，让流量池中的水“活”起来，以便更好地实现变现。

3.3.1 抖音导流微信

根据 2019 年 1 月 9 日微信官方发布的《2018 年微信数据报告》显示，截至 2018 年 9 月，微信月活用户达到 10.82 亿，每天发送消息 450 亿次，同比增长 18%。这些数据表明，微信不仅有非常高的用户使用率，而且其消息触达率也非常高。对于如此庞大的流量平台，抖音运营者一定要利用好微信，用微信来沉淀流量和维护粉丝。

抖音运营者可以在抖音、快手、今日头条、淘宝以及各直播平台中的个人简介或者内容中透露出自己微信，并且通过一定的利益来吸引粉丝添加你的微信，如红包、抽奖、优惠券、赠品或者新品抢购等。

抖音运营者通过各种福利不仅可以引导用户分享，形成裂变传播，而且还能在微信平台上深度沉淀用户，对他们进行二次甚至多次营销，将收获的流量反哺到自己的店铺中。这些精准流量带来的转化率是非常可观的。

因此，打造一个“短视频（引流）→微信（导流）→店铺（变现）”的商业闭环，对于抖音电商运营来说是刻不容缓的，可以将单个流量的价值成倍放大，获得长久的精准用户。抖音电商运营的常用微信吸粉方法主要有以下 5 种，如图 3-16 所示。

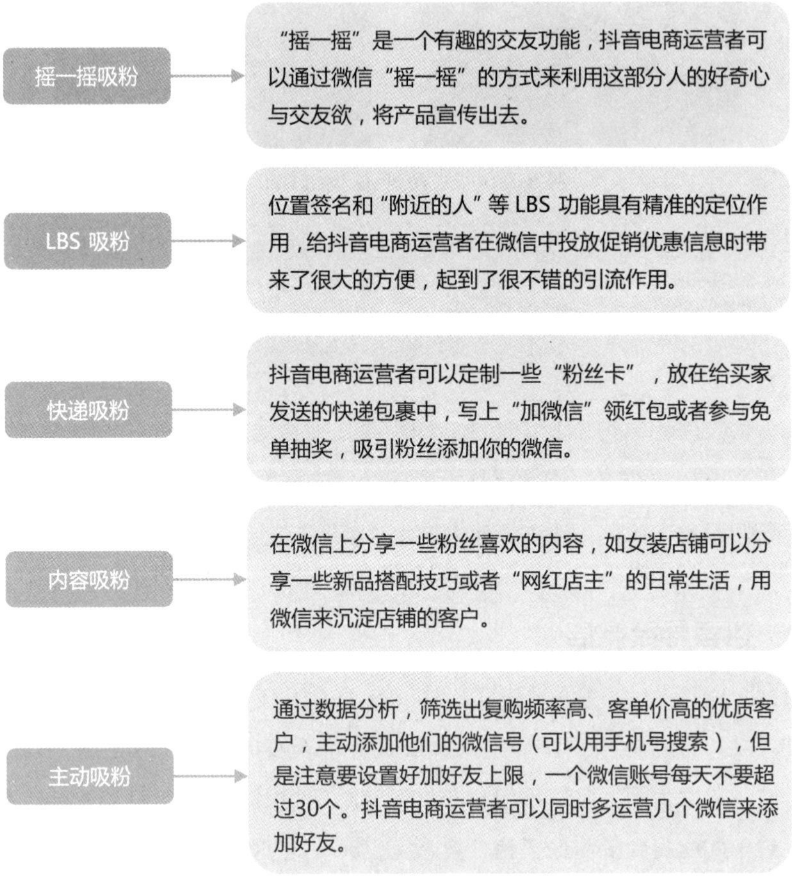

图 3-16　微信吸粉技巧

3.3.2 平台互推导流

当抖音运营者通过注册抖音号，拍摄短视频内容在抖音等短视频平台上获得大量粉丝后，接下来就可以把这些粉丝导入微信，通过与微信平台的互推导流，将流量沉淀，并获取源源不断的精准流量，降低流量获取成本，实现粉丝效益的最大化。

1. 抖音名称展示微信号

在抖音名称中设置微信号是抖音早期常用的导流方法，如图 3-17 所示。但如今由于今日头条和腾讯之间的竞争非常激烈，抖音对于名称中的微信审核也非常严格，因此抖音运营者在使用该方法时需要非常谨慎。

图 3-17　在账号资料部分进行引流

抖音个人昵称设定的基本技巧如图 3-18 所示。

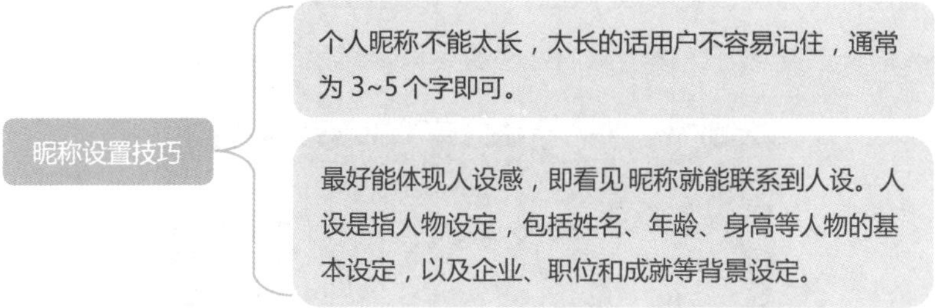

图 3-18　抖音个人昵称设定的基本技巧

2. 账号简介展示微信号

抖音的账号简介通常是非常简单明了的，一句话解决，主要原则是“描述账号 + 引导关注”，基本设置技巧如下：前半句描述账号特点或功能，后半句引导关注微信；账号简介可以用多行文字，但一定要在多行文字的视觉中心出现引导加微信的字眼；用户可以在简介中巧妙地推荐其他账号，但不建议直接引导加微信等。

在账号简介中展现微信号是目前最常用的导流方法，而且修改起来也非常方便快捷。但需要注意，不要在其中直接标注“微信”，可以用拼音简写、同音字或其他相关符号来代替。只要用户的原创短视频的播放量大、曝光率高，引流的效果也就会好，如图 3-19 所示。

图 3-19　在账号资料部分进行引流

3. 抖音号中展示微信号

抖音号跟微信号一样，是其他人能够快速找到你的一串独有的字符，位于个人昵称的下方。抖音运营者可以将自己的抖音号直接修改为微信号，如图 3-20 所示。但是，抖音号只能修改一次，一旦审核通过就不能修改了。所以，抖音运营者修改前一定要想好，这个微信号是否是你最常用的那个。

图 3-20　在抖音号中设置微信号

4. 背景图片中展示微信号

背景图片的展示面积比较大，容易被人看到，因此在背景图片中设置微信号的导流效果也非常明显，如图 3-21 所示。

图 3-21　在背景图片中设置微信号

5. 个人头像中展示微信号

抖音号的头像一般都是图片，在其中透露出自己的微信号，系统也不容易识别，但头像的展示面积比较小，需要粉丝点击放大后才能看清楚，因此导流效果一般，如图 3-22 所示。另外，有微信号的头像也需要用户提前用 PS 或者 P 图 App 做好。

图 3-22　在个人头像上设置微信号

需要注意的是，抖音对于设置微信的个人头像管控得非常严格。所以，抖音运营者一定要谨慎使用。抖音号的头像也需要有特点，必须展现自己最美的一面，或者展现企业的良好形象。

用户可以进入“编辑个人资料”界面，点击头像即可修改，有两种方式，分别是从相册选择和拍照。另外，在“我”界面点击头像，不仅可以查看头像的大图，还可以对头像进行编辑操作。

抖音头像设定的基本技巧如下。

（1）头像一定要清晰。

（2）个人人设账号一般使用主播肖像作为头像。

（3）团体人设账号可以使用代表人物形象作为头像，或者使用公司名称、LOGO 等标志。

6. 短视频中展示微信号

主要方法就是在短视频内容中透露出自己的微信，可以由主播自己说出来，也可以通过背景展现出来，或者打上带有微信的水印。只要这个视频火爆后，其中的微信号也会随之得到大量的曝光。

例如，下面这个护肤内容的短视频，通过图文内容介绍了一些护肤技巧，最后展现了主播自己的微信号来实现引流，如图 3-23 所示。

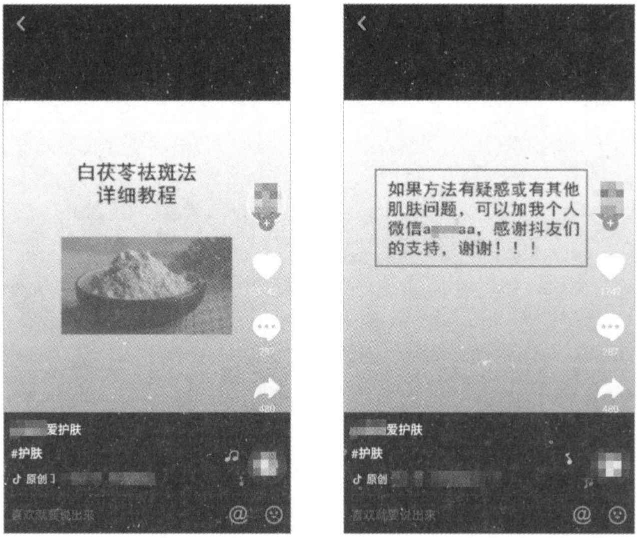

图 3-23　在视频内容中透露出自己的微信号

需要注意的是，最好不要直接在视频上添加水印，这样做不仅影响粉丝的观看体验，而且可能会通不过审核，严重的甚至会被系统封号。

3.3.3 深度沉淀流量

微信不仅能够帮助抖音运营者吸粉，还可以帮助他们更好地维护抖音等短视频平台的粉丝，通过粉丝维护可以提高黏性、实现裂变以及引导转化，让流量持续变现。

1. 提高粉丝活跃度

抖音运营者可以在微信中开发一些营销功能，如签到、抽奖、学习或者在线小游戏等，以提高粉丝参与的积极性。在一些特殊的节假日期间，抖音运营者还可以在微信上开发一些微信吸粉 H5 活动，用来提升粉丝的活跃度以及快速拉新。

在制作微信吸粉 H5 活动时，“强制关注 + 抽奖”这两个功能经常会组合使用，同时可以把 H5 活动二维码插入微信文章中，或者将活动链接放入“原文链接”、公众号菜单以及设置关注回复等，让用户关注后就能马上参与活动。

同时，当制作好关注抽奖 H5 活动后还需要使用一定的运营技巧如图 3-24 所示，才能实现粉丝的有效增长。

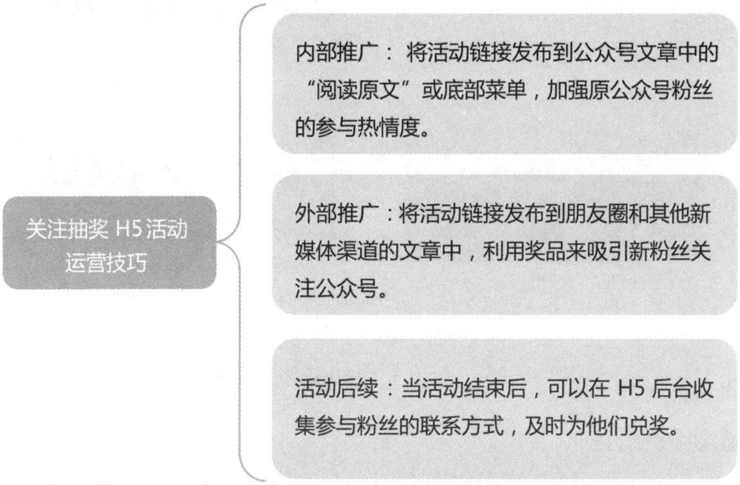

图 3-24　关注抽奖 H5 活动的运营技巧

2. 提高粉丝黏性

不管是电商、微商还是实体门店，都将微信和朋友圈作为自己的主要营销平台，可见其有效性是不容置疑的。所以，抖音运营者完全可以借鉴这些有效的方法和平台，在微信公众号或者个人微信朋友圈中发送营销内容，培养粉丝的忠诚度，激发他们的消费欲望。同时，还可以通过一对一的微信私聊解决粉丝的问题，提高用户黏性。

在运营粉丝的过程中，微信内容的安排应该在平台建立之初就应该有一个大致的定位，并基于其短视频内容定位进行微信内容的安排。也就是需要抖音运营者做好微信平台的内容规划，这是保证粉丝运营顺利进行下去的有效途径。

例如，微信公众号“手机摄影构图大全”就对微信平台的内容进行了前期规划，并在功能介绍中进行了清楚呈现。发送的图文内容要始终围绕这一定位来进行，如图 3-25 所示。

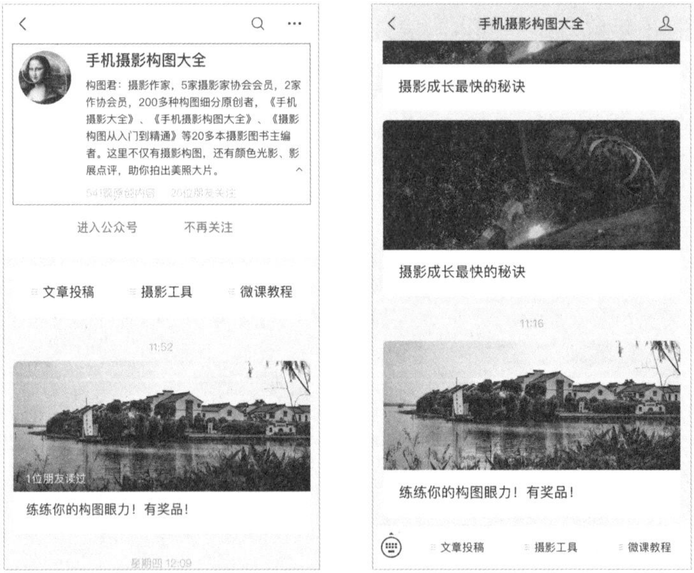

图 3-25　微信平台的整体内容规划

3. 管理维护粉丝

大部分抖音运营者都会同时运营多个微信号来打造账号矩阵，但随着粉丝数量的不断增加，管理这些微信号和粉丝就成了一个很大的难题，此时抖音运营者可以利用一些电商营销工具来帮忙。

例如，聚客通是一个社交用户管理平台，可以帮助用户盘活微信粉丝，引爆单品，快速提升 DSR（Detailed Seller Ratings 卖家服评级系统）动态评分，具有多元化的裂变和拉新玩法，能够助力抖音运营者实现精细化的粉丝管理，如图 3-26 所示。

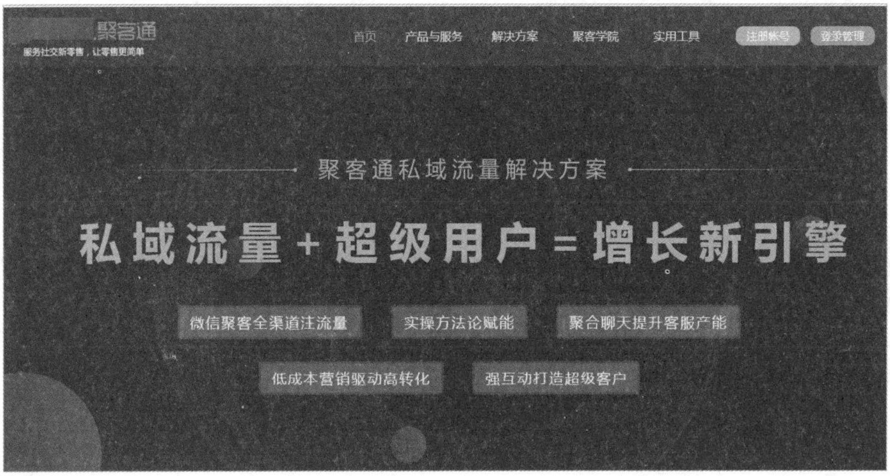

图 3-26　聚客通

3.3.4　挖掘流量价值

抖音运营者同样也是商人，转化率也是一个非常重要的数据，没有转化，再多的流量也是无效的。因此，抖音运营者需要打造高转化的成交场景，其中微信红包就是一种不错的营销工具。

抖音运营者在微信上引流时可以在 H5 活动中加入微信红包，并制作成邀请函，不但可以极大增加对用户的吸引力，而且还可以让用户得到切实的好处，对你产生良好的印象。

另外，腾讯在微信上推出了一种连接线上、线下活动的营销工具，那就是微信卡包，抖音运营者也可以通过这个功能更好地向用户推广促销活动，打造 O2O 消费闭环，如图 3-27 所示。

微信卡包功能可以与抽奖等互动游戏相结合，将卡包作为游戏奖品分发给用户。通过这种营销形式，抖音运营者不但可以快速有效且低成本地完成促销活动，同时还能让粉丝获得更多实惠，促使他们进店消费，从而提升店铺的转化率。

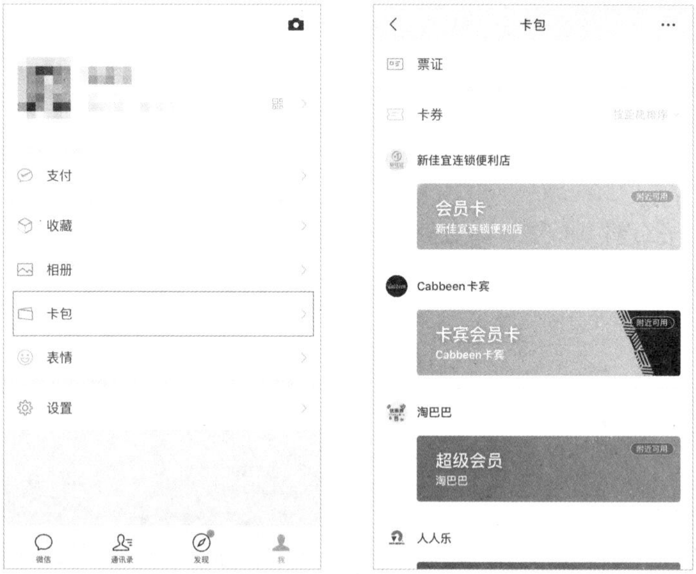

图 3-27　微信卡包

PC 时代奉行的是“流量为王”，而移动互联网时代的主要特征是“流行即流量”。通过短视频、H5 等内容来让产品或品牌变成流行，能够增强它们对用户的影响力和吸引力，从而形成口口相传的流行氛围，刺激粉丝的消费欲望，让浏览变成购买。

随着今日头条、抖音、微信以及微博等各种社交平台和短视频应用的兴起，抖音运营者获取流量的渠道也越来越多。但是，一旦这些平台打败竞争者，成长为垂直领域的“独角兽”后，抖音运营者获取流量的成本就会变得越来越高。

那么，如何才能低成本获得长久的流量呢？重点就在于老客户的维护，将在抖音等平台用短视频吸引的精准流量导流到自己的流量池中，通过营销、管理、维护和转化等，让他们成为你的忠实粉丝，打造属于自己的私域流量，可以为你带来长久的收益。

第 4 章

营销推广：熟练运用抖音产品体系

这是一个“酒香也怕巷子深”的时代，尤其是在抖音短视频 App 中，抖音用户可以看到各种信息，如果做不好营销推广，那么营销效果很可能会大打折扣。

这一章，笔者就来重点教大家熟练运用抖音的产品体系，更好地做抖音营销推广，通过抖音营销力的深挖，获取更好的营销效果。

4.1 曝光触达：海量曝光，精易触达

在抖音中设置了一些营销模块，这些营销模块既是在进行广告营销，也可以让视频内容获得海量曝光和精易触达。这一节，就让我们一起来看看这些抖音中大力支持的营销模块。

4.1.1 Topview 超级首位：吸引万众目光

Topview 超级首位是一种包含两种广告形式的营销模块。该营销模块由两个部分组成，即前面几秒的抖音开屏广告和之后的信息流广告。

如图 4-1 所示为活力冬奥学院的一条短视频，可以看到其一开始是以抖音全屏广告的形式展现的（左侧），而播放了几秒钟之后就变成了信息流广告（右侧），直到该视频播放完毕。很显然，这条短视频运用的就是 Topview 超级首位模块。

图 4-1 Topview 超级首位模块的运用

从形式上来看，Topview 超级首位模块很好地融合了开屏广告和信息流广告的优势。既可以让抖音用户在打开抖音短视频 App 的第一时间就看到广告内容，也能通过信息流广告对内容进行完整的展示，并引导抖音用户了解广告详情。

其实，Topview 超级首位模块的优势不只是体现在形式上，它对于品牌的推广也拥有一些突出的优势。具体来说，Topview 超级首位模块在品牌推广中的优势如图 4-2 所示。

- **品牌强曝光**

第一眼曝光+60s完整品牌信息触达，促进品牌快速传播，占领用户心智，影响消费决策。

- **品牌优体验**

避免上文干扰+高质量素材创意空间，品牌安全度高；沉浸式观看体验，打造高端视觉品质。

- **品牌互动提升**

多样播放组件+多元转化链接，满足广告主不同投放需求，视频组件有效提升用户与品牌的互动。

- **品牌效能积累**

落地引流品牌主页，品牌粉丝积累沉淀；助力品牌主页视频二次传播，带动品牌主页互动。

图 4-2 Topview 超级首位模块在品牌推广中的优势

4.1.2 开屏广告：高溢出、深度触达

开屏广告模板，顾名思义，就是打开抖音就能看到的广告营销内容模板。开屏广告的优势在于，抖音用户一打开抖音短视频 App 就能看到，所以广告的曝光率较高。而其缺点则体现在呈现的时间较多，因而可以呈现的内容较为有限。如图 4-3 所示为开屏广告模块的运用案例。

图 4-3　开屏广告模块的运用

按照内容的展示形式，开屏广告可细分为 3 种，即静态开屏（一张图片到底）、动态开屏（中间有图片的更换）和视频开屏（以视频的形式呈现广告内容）。品牌主可以根据自身需求，选择合适的展示形式。

4.1.3　信息流体系：全时域一全量，独占首刷

信息流体系模块就是一种通过视频传达信息的广告内容模块。运用信息流体系模块的短视频，其文案中会出现“广告”字样，而抖音用户点击视频中的链接，则可以跳转至目标页面，从而达到营销的目的。

如图 4-4 所示的信息流体系模块的运用案例中，抖音用户只需要点击短视频中的文案内容、“去玩一下”按钮和抖音账号头像，便可以跳转至游戏获取界面。这种模块的运用，不仅可以实现信息的营销推广，还能让软件用户的获取更加便利化。

信息流体系模块的运用可以分为 3 种，即全量（独占用户首刷的第 4 个短视频）、全时（抖音信息流体系按时间分为 4 个时间段，品牌主选择某个时间段集中投放）和全域（选择某些区域进行信息流广告的集中投放）。

图 4-4　信息流体系模块的运用

4.1.4　固定位：持续曝光，全方位提升品牌

固定位模块就是将营销内容的入口放置在抖音短视频某些页面的固定位置，从而达到持续曝光，全方位提升品牌的一种营销方式。

例如，抖音用户进入“杂志穿越”话题中，可以看到右上方会出现“创作抖音特效”的字样，抖音用户只需点击该字样，便可以进入“抖音特效师”页面，查看肯德基的相关活动，如图 4-5 所示。

图 4-5　固定位模块的运用

固定位模块的运用，会让营销信息入口固定出现在多个页面。例如，除了上面的“杂志穿越”之外，抖音用户还可以在抖音同期推出的一些特效话题页面右上方看到“抖音特效师”的字样，抖音用户只需点击便可进入营销信息页。这无疑可以起到快速获取大量流量、增强营销效果的作用。

4.2 内容营销：增强印象，提升接受程度

做抖音营销运用的营销模块固然重要，但更重要的还在于营销的内容。毕竟要想达到营销目标，还需要通过内容营销来重点加深抖音用户的印象，提升抖音用户的接受程度。

4.2.1 话题挑战赛：引爆营销大能量

话题挑战赛是企业抖音号的一种重要内容营销手段。一般来说，话题挑战赛会设置一定的奖励。所以抖音用户的参与积极性比较高。而且热门话题挑战赛还会在抖音搜索界面中出现入口。因此，其往往能够起到引爆营销的作用。如图 4-6 所示为话题挑战赛的运用案例。

图 4-6　话题挑战赛的运用案例

4.2.2 原创音乐：共创热点发酵传播

音乐是一种与抖音用户产生连接的有效方式。抖音企业号可以打造与品牌相关的原创音乐，然后通过促使抖音用户使用该音乐，共创热点，实现发酵传播。如图 4-7 所示便是通过使用指定原创音乐的方式来打造热点话题的。

图 4-7　原创音乐的运用案例

4.2.3 LINK：内容流量曝光，触达目标人群

LINK 就是联系、连接的意思。在抖音短视频中提供了一些链接模块，抖音运营者可以通过对这些模块进行设置，创作链接，让抖音用户可以更好地进入某些信息页面，从而达到内容流量曝光，触达目标人群的目的。

在抖音短视频中，常见的 LINK 主要分为两种，即视频页面的链接（视频中添加的商品和其他链接）和视频评论链接（评论页置顶的商品和其他链接），具体如图 4-8 所示。

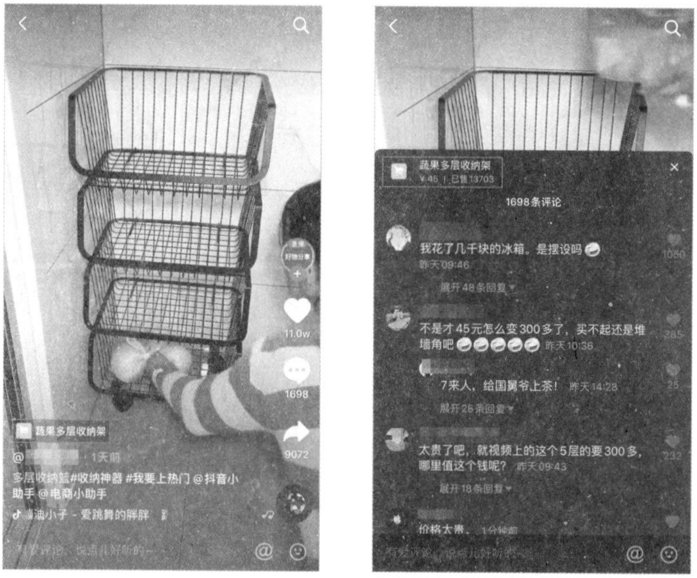

图 4-8　LINK 的运用案例

4.3 互动引导：抓住共同利益点，打造触点

做抖音营销，单纯将信息传达给抖音用户是不够的。你还需要通过互动引导抓住共同利益点，打造触点，让抖音用户与你的内容、你的抖音号产生更强的联系，甚至是直接购买你的产品。

4.3.1 创意贴纸：使用率最高贴纸日曝光万次

抖音短视频平台对于贴纸这一块是比较重视的，我们刷抖音时，经常可以看到各种创意贴纸。不仅如此，许多抖音用户也会经常使用各种创意贴纸拍摄短视频。据相关数据统计，抖音中使用率最高的贴纸，日曝光量超过了 1 万次。由此也不难看出创意贴纸的受欢迎程度。

抖音中提供了大量的创意贴纸，抖音用户只需点击拍摄界面中的“道具”按钮，便可以查看各类贴纸，甚至还可以直接使用某个贴纸拍摄抖音短视频，具体如图 4-9 所示。

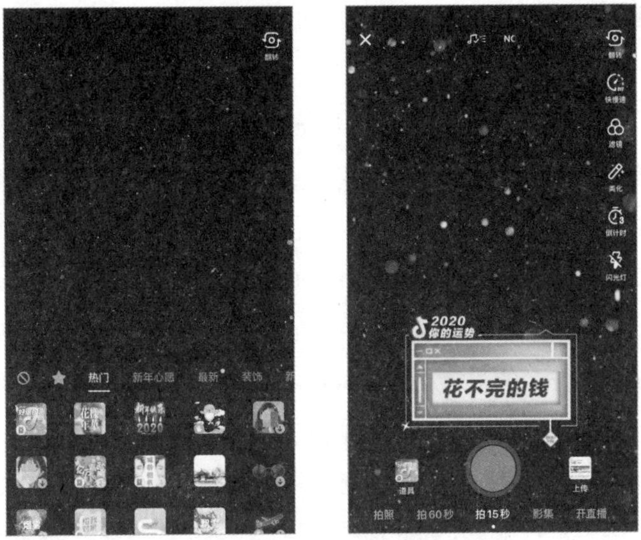

图 4-9 查看和使用贴纸

另外，当一款新的创意贴纸推出之后，还会形成该贴纸的相关话题，并且吸引许多抖音用户使用该贴纸拍摄短视频参与话题，具体如图 4-10 所示。

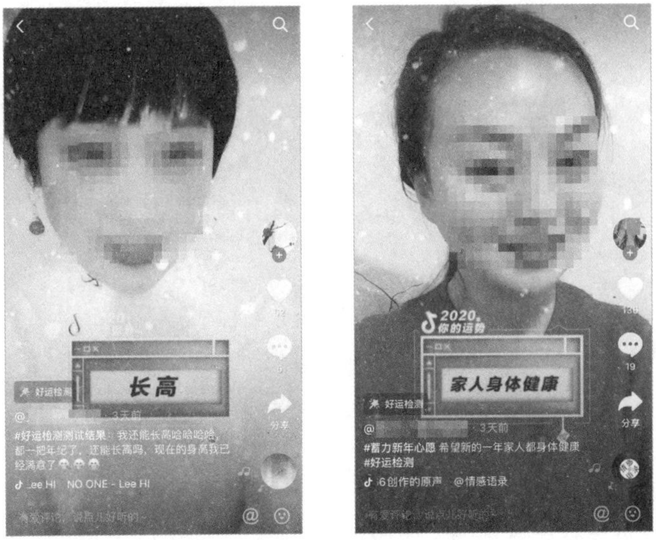

图 4-10 抖音用户使用贴纸参与话题

所以，抖音企业号如果能够创作出一些有创意的原创贴纸，那么便可以在抖音用户使用贴纸的同时，达到曝光品牌的作用。而且抖音贴纸的制作既可以与抖音官方设计师合作，也可以和原创设计师合作。贴纸打造起来更加便利，甚至没有经验的运营者也能通过合作快速打造属于自己的创意贴纸。

4.3.2 挂件：激发参与，扩展品牌展示空间

挂件就是在原本的内容之外增加的一些附件。抖音运营者可以通过挂件的打造，激发用户参与品牌的相关活动，扩展品牌的展示空间。在抖音短视频平台中，挂件大致可以分为两类，即视频挂件和头像挂件。

视频挂件，即在原有视频内容的基础上挂出来的一些附件。这些挂件往往是由抖音官方统一挂上去的。因此，挂件的具体内容通常是抖音官方推出的某个重大活动，或者是某个品牌通过抖音官方进行的广告营销。

如图 4-11 所示的短视频中，左侧出现了“许愿赢红包”的相关信息，很明显该信息与这条抖音视频是没有任何关系的，抖音用户在看到该视频后甚至可以直接去除该信息。毫无疑问，此处“许愿赢红包”的相关信息便属于视频挂件。

图 4-11 视频挂件

头像挂件，即在头像周围（通常是在头像的上方）挂出来的一些附件。这一类附件通常不会由抖音官方自动挂上。但是抖音用户如果有需要，可以通过与相关品牌方合作，或者在抖音平台进行申请、设置的方式获取。

一个抖音号获得头像挂件之后，无论是在其抖音视频播放界面，还是在抖音账号主页，都会显示挂件信息，具体如图 4-12 所示。

图 4-12　头像挂件

4.3.3　扫一扫：缩短品牌距离、提升品牌好感

在抖音中提供了专门的扫一扫入口，抖音用户只需进入搜索界面，便可以看到左上角的图标，这便是抖音扫一扫的入口，具体如图 4-13 所示。

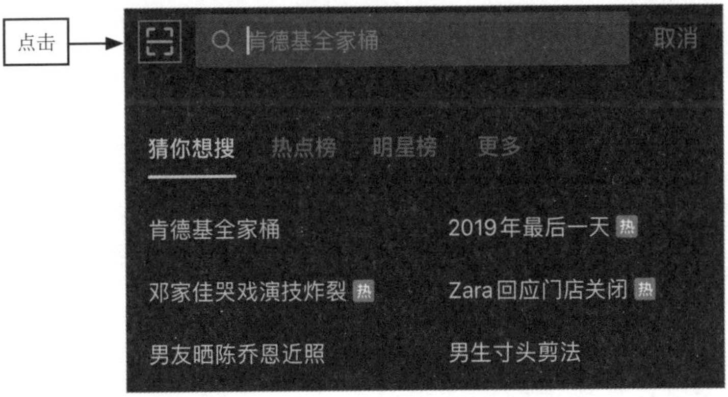

图 4-13　抖音扫一扫的入口

抖音用户点击图标之后，即可进入如图 4-14 所示的抖音“扫一扫”界面。抖音用户可以在该界面中扫描相关的二维码。除此之外，还可以点击界面下方的“我的抖音码”界面，进入如图 4-15 所示的“我的抖音码”界面，查看和保存自己的抖音二维码。

图 4-14 “扫一扫”界面

图 4-15 “我的抖音码”界面

抖音品牌运营者可以借助抖音扫一扫功能将自己的抖音码保存到手机相册中。然后，通过各种社交软件，将自己的抖音二维码照片发送给潜在客户，从而起到缩短品牌距离、提升潜在客户对品牌好感度的目的。

4.4 创意信息添加：提高点击率，促进转化

那些经常刷抖音的人，更看重的是创意。如果你的抖音毫无亮点，他们可能会直接选择划走。因此，我们还要想办法让抖音的相关内容更具创意。比如，可以通过一些创意信息的添加，凸显内容的亮点，从而提高相关链接的点击率，促进商品的高效转化。

4.4.1 查看详情：传递信息销售商品

查看详情是信息流体系模块中较为常见的一种按钮设置。通过该按钮，品牌主和抖音运营者可以在抖音视频中设置一个直达页面，让抖音用户可以了解相关信息，或者直接到达商品的品牌店铺或购买页面。

通常来说，如果品牌主只需要让抖音用户了解相关信息，可以通过“查看

详情”按钮，连接一个 H5 页面。抖音用户只需点击“查看详情”按钮便可直接进入对应的 H5 页面，如图 4-16 所示。

图 4-16　连接 H5 页面

而如果品牌主和抖音运营者想要让抖音用户了解商品或店铺详情，甚至是购买商品，则可通过“查看详情”按钮引导至对应的页面。如图 4-17 所示便是通过“查看详情”按钮将抖音用户引导至品牌店铺页面。

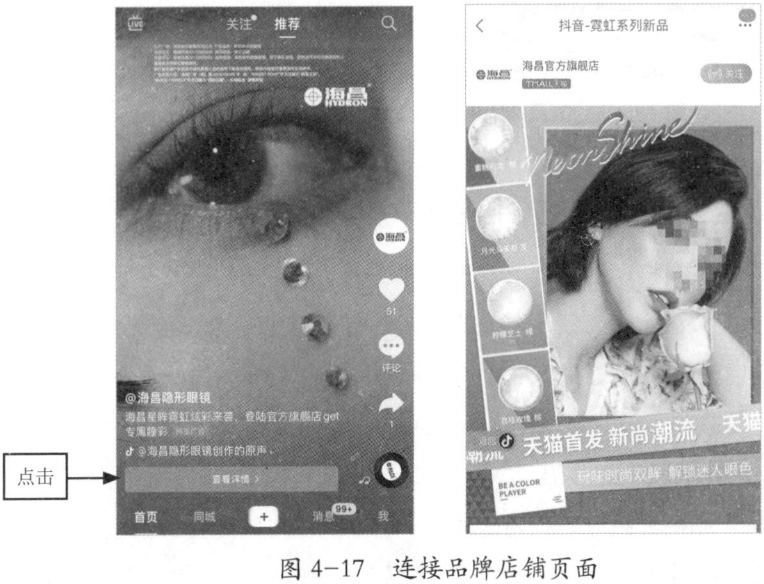

图 4-17　连接品牌店铺页面

4.4.2 下载直达：有效提升应用下载量

信息流体系模块中常见的按钮设置有两种，一种是“查看详情”，另一种是“去玩一下”。一些需要引导抖音用户下载App的品牌主和抖音运营者，便会通过“去玩一下”按钮的设置，让抖音用户直达下载界面，从而达到有效提升应用下载量的目的。

如图 4-18 所示的信息流广告中，设置了“去玩一下”按钮。抖音用户点击该按钮之后，便可进入某游戏的下载界面。抖音用户只需点击界面中的“获取”按钮，便可下载该游戏。

图 4-18 信息流体系模块中的游戏按钮设置

4.4.3 磁贴显示：实现重要信息的传达

磁贴就是粘贴在抖音短视频上的一种像是小卡片的附件，其实际作用与信息流广告中设置的按钮类似，只是显示的形式有所不同。当然，它与信息流广告中设置的按钮也有一些不同之处，其中比较显著的一个差异就是抖音用户可以直接在抖音视频中去掉磁贴。品牌主和抖音运营者可以通过磁贴，让抖音用户直达某个页面，从而实现重要信息的传达。

抖音视频中磁贴大致可以分为两种。一种是出现在抖音名字上方的小卡片。这种形式的磁贴通常是某些品牌的活动或商品详情按钮，其最直接的目的就是让抖音用户了解活动信息，为抖音用户购买商品提供便利。如图 4–19 所示的磁贴便属于此类。

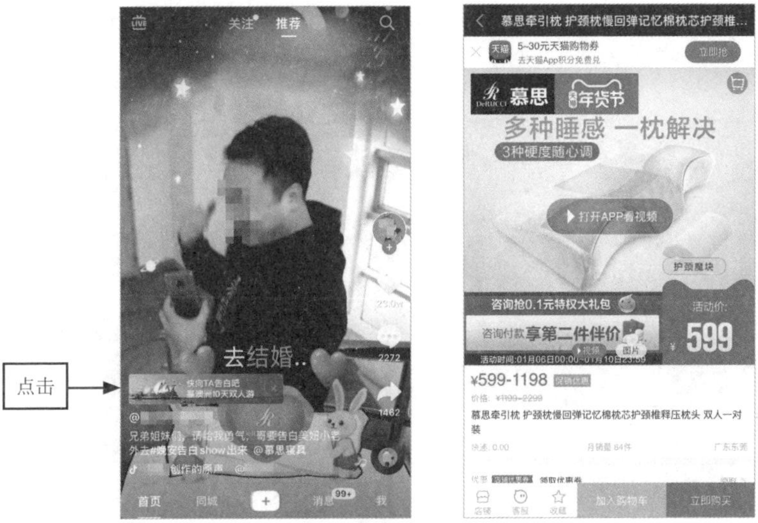

图 4–19 名字上方出现的磁贴

另一种是在信息流广告中设置了“去玩一下”按钮，视频播放一段时间之后变成的磁贴，如图 4–20 所示。这种磁贴的作用和信息流广告的“去玩一下”按钮相同，都可引导抖音用户直达应用下载界面。

图 4–20 由“去玩一下”按钮变成的磁贴

4.4.4 贴纸展示：打造话题、制造热点

随着抖音功能的升级，抖音用户在视频中使用的贴纸特效也可以在视频名字的上方展示出来。如果抖音视频中展示了贴纸特效，那么其他用户只需点击该贴纸特效，便可进入该贴纸特效相关的话题界面，如图 4-21 所示。

图 4-21 贴纸和相关话题

通过贴纸特效的展示，可以让看到视频的抖音用户知道你是用什么贴纸特效拍摄的抖音视频。如果抖音用户也喜欢视频中的贴纸形式，便可以点击该贴纸特效对应的按钮，进入该贴纸特效的话题页面，用该贴纸特效拍摄抖音视频。

贴纸展示对于品牌主来说也是一种创意的营销方式。如果品牌主打造了自己的贴纸特效，便可以通过视频中贴纸特效的展示，吸引抖音用户用该贴纸特效拍摄视频，从而更好地打造话题和制造热点，达到提高品牌传达率的目的。

4.4.5 电话拨打：直接联系目标用户

有时候抖音用户在看完抖音视频或相关信息的介绍之后，心里会有一些疑问。如果品牌主和抖音运营者能够通过“电话拨打”按钮的设置为抖音用户提供一个沟通渠道，那么便可以达到直接联系目标用户的目的。

通常来说，“电话拨打”按钮的设置可分为两类。一是抖音蓝 V 企业号认证

成功之后，在抖音主页中设置的“电话拨打”按钮。这是抖音蓝 V 企业号的一种专属特权，相关内容笔者将在 6.2.8 进行介绍，这里不再赘述。

另一种是进行了 POI 地址认领的店铺在店铺信息展示界面中设置的“电话拨打”按钮。如图 4–22 所示的短视频中设置了 POI 地址，抖音用户只需点击 POI 地址链接，便可进入店铺信息展示界面。在店铺信息展示界面中会显示按钮，抖音用户只需点击该按钮便可呼叫该店铺设置的号码。

图 4–22　POI 地址中拨打店铺电话

第 5 章

抖音搜索：巧借搜索渠道引爆流量

抖音的搜索版块往往会被抖音用户忽略，殊不知，这个容易被忽略的版块，恰恰又是抖音运营者需要重点进行把握的。这主要是因为很多抖音用户都会通过搜索来查找内容，而如果抖音运营者用好了搜索版块，便可以为账号和短视频带来极为可观的流量。

5.1 搜索矩阵：让粉丝主动找上门来

抖音短视频 App 中设置了许多用于搜索的版块，抖音运营者可以借助这些搜索版块打造搜索矩阵，让粉丝主动找上门来。

5.1.1 猜你想搜——聚合兴趣人群

“猜你想搜”主要是显示其他用户搜索较多的一些内容，因为这些内容的搜索人群比较多，所以这些内容往往能够聚合大量兴趣人群。抖音用户只需进入搜索界面，便可以看到搜索栏下方菜单栏左侧的“猜你想搜”版块。如果点击“猜你想搜”版块中的某一项内容，便可以看到大量与该内容相关的视频和用户，如图 5-1 所示。

图 5-1　利用“猜你想搜”版块聚合兴趣人群

因为“猜你想搜”版块显示的内容都是抖音用户搜索次数较多的内容，所以抖音用户如果能够打造与之相关的视频，通常就能吸引大量对该内容感兴趣的抖音用户，从而快速获取部分抖音用户的关注。

5.1.2 热点榜——热点内容带来流量

“热点榜”位于“猜你想搜”版块的右侧，顾名思义，该版块就是根据热度对一些热门内容进行排名显示的。如果抖音用户对某一热度内容感兴趣，只需点击该热点，便可以看到相关的视频，如图 5-2 所示。

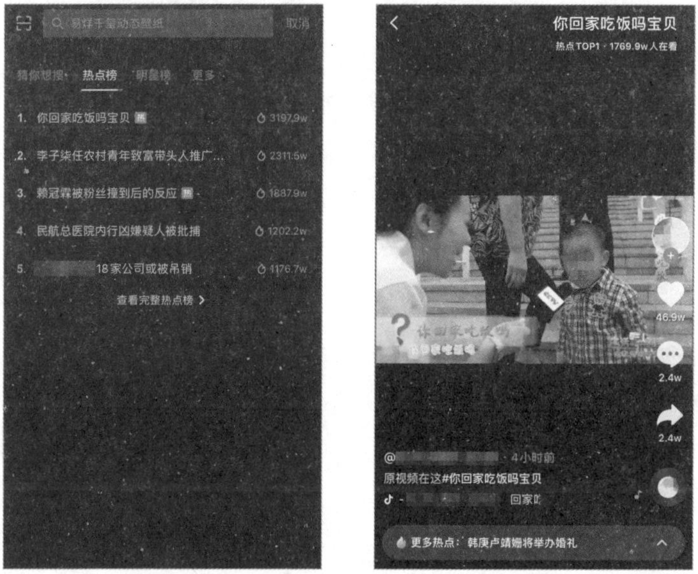

图 5-2 利用“热点榜”版块带来流量

“热点榜”是衡量内容热度的一个重要榜单，抖音运营者可以参考其中的热点内容打造视频，从而借助内容的热度吸引部分抖音用户的目光。

5.1.3 明星榜——查看明星排行情况

“明星榜”位于“热点榜”的右侧，顾名思义，该榜单就是根据一定规则对抖音中明星的账号进行的一个排行。“明星榜”版块通常只会显示排行榜前 5 位的明星。如果点击该版块的“查看完整版”按钮，即可查看完整榜单，如图 5-3 所示。

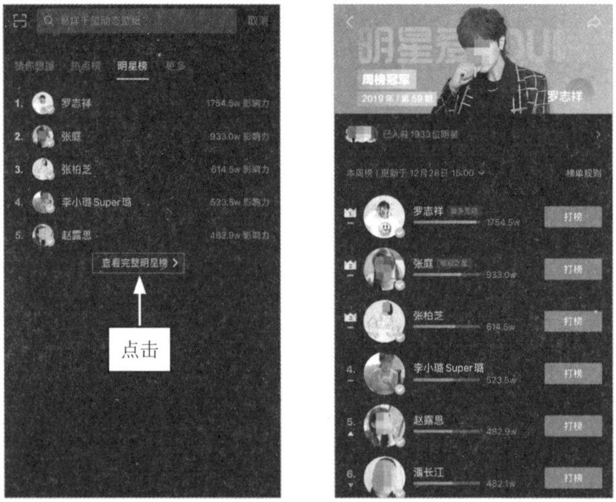

图 5-3　利用“明星榜”版块查看明星排行情况

“明星榜”版块不仅可以查看明星的排行情况、为明星打榜，还能点击某位明星的账号头像，进入其抖音主页，查看该明星的主页信息及发布的相关内容。

对于抖音运营者来说，“明星榜”是一个可以提供学习对象的榜单。虽然“明星榜”中显示的都是明星的账号，但是这其中也不乏一些名气不算太大，排名却比较靠前的明星。抖音运营者可以通过查看这一类明星的内容，以此打造更受抖音用户欢迎的视频。

对于品牌主来说，“明星榜”是一个可以提供合作对象的榜单。这些榜单中显示的都是在抖音中比较受欢迎的明星，所以品牌主如果能够让其中的某位或某些明星代言，就能快速获取部分抖音用户的关注。

5.1.4　品牌热 DOU 榜——查看同行中的榜样

“品牌热 DOU 榜”就是根据品牌的热度进行排行的一种榜单。抖音用户点击搜索界面菜单栏中的“更多”按钮，然后，选择“品牌热 DOU 榜”选项，便可进入“品牌热 DOU 榜”界面，如图 5-4 所示。

“品牌热 DOU 榜”具体分成汽车、手机、美妆、奢侈品、食品饮料、家用电器和服装鞋帽这 7 个行业榜单，每个榜单会对行业内排行前 30 位的品牌进行展示。抖音企业号运营者可以通过该榜单查看行业内品牌的抖音热度排行情况，并通过查看具体品牌账号的运营情况，学习企业号的运营经验。

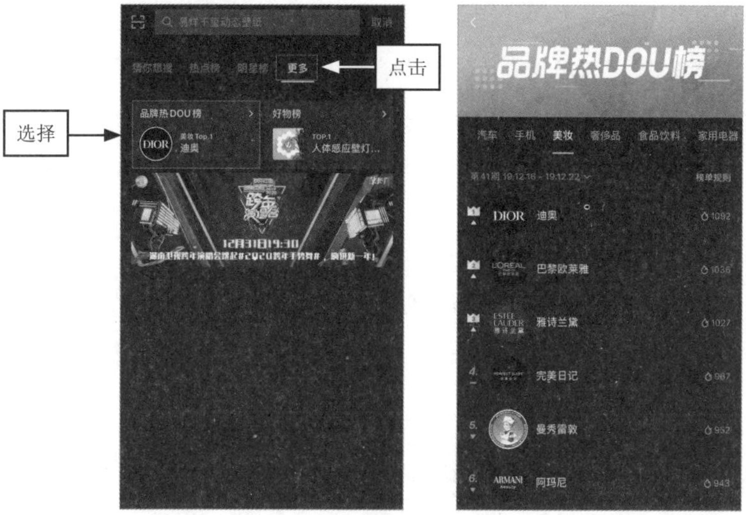

图 5-4　利用“品牌榜”版块查看同行中的榜样

5.1.5　好物榜——找到受欢迎的商品

“好物榜”位于“品牌热 DOU 榜”的右侧，该榜单是根据商品的人气值进行的一个排行。抖音用户只需点击榜单中某个商品的对应位置，便可查看添加该商品的热门视频。有需要的抖音用户还可以点击商品链接，查看商品详情，甚至是直接购买商品，如图 5-5 所示。

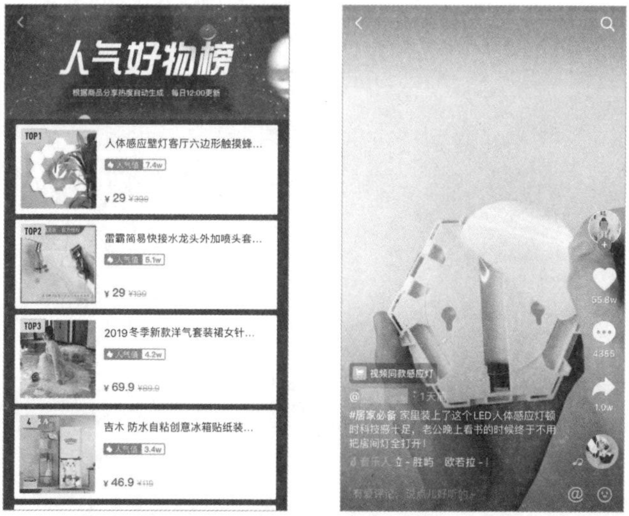

图 5-5　利用“好物榜”版块找到受欢迎的商品

一件商品之所以能够进入“好物榜”，主要有两个方面的原因。一是抖音用户对该商品比较感兴趣；二是与商品相关的视频对抖音用户有吸引力。因此，通过查看该榜单的商品和视频，抖音用户不仅可以找到受欢迎的商品，还能找到受欢迎的视频。

5.2 达人打造：利用大数据打造短视频达人

除了抖音中的搜索矩阵之外，抖音运营者还可以利用大数据打造短视频达人，让视频内容和视频中的商品更受抖音用户的欢迎。

5.2.1 抖商搜索：快速精准找到合作达人

抖音账号运营者可以通过搜索与抖商相关的内容，快速找到需要合作的达人。当然，在此过程中，抖音账号运营者也可以借助一些方法，让搜索工作变得更加简单、便利。

例如，在 99 抖商平台中便设置了专门的“抖商搜索”版块，该版块中又设置了“搜索达人”“搜索视频”和“搜索商品”3 个具体内容。

在“搜索达人”界面中，抖音账号运营者可以通过输入达人 IP/ 昵称，或者选择类目、达人性别和条件的方式，查找满足条件的抖音达人，如图 5-6 所示。

图 5-6 “搜索达人”界面

在“搜索视频”界面中，抖音运营者可以通过输入视频标题 / 链接，或者选择类目、视频相关数据的方式，找到满足要求的抖音视频，如图 5-7 所示。

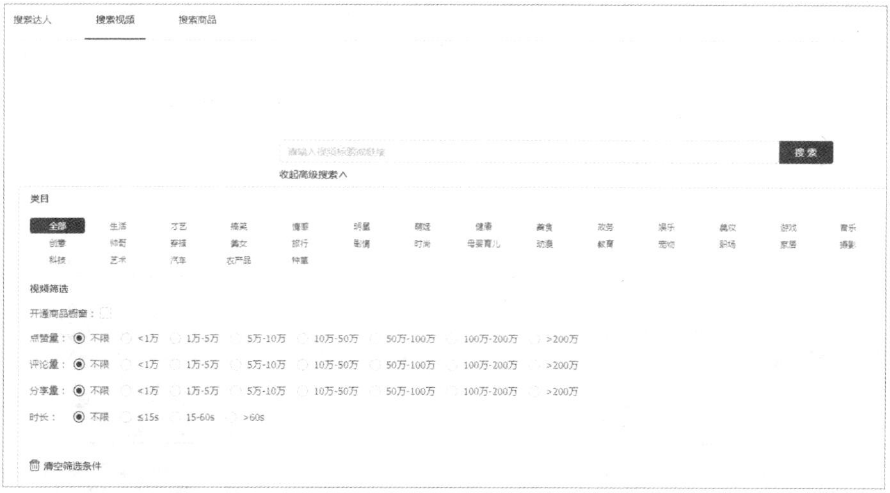

图 5-7　“搜索视频”界面

在“搜索商品”界面中，抖音运营者可以通过输入商品标题 / 链接，或者选择商品平台和相关数据的方式，找到满足要求的商品，如图 5-8 所示。

图 5-8　“搜索商品”界面

5.2.2　音乐话题热榜：热搜内容一“榜”打尽

一条抖音视频能不能火，其中包含的音乐和话题非常关键。如果视频中的音乐和话题是抖音用户比较喜欢和关注的，那么视频自然会受到更多抖音用户的欢迎。因此抖音运营者可以在打造视频时，先通过一些榜单找到受抖音用户欢迎的音乐和话题，然后将这些音乐和话题加入短视频中。

例如，抖音运营者可以通过 99 抖商平台的音乐话题热榜，查看抖音“音乐排行榜”“音乐飙升榜”“话题排行榜”和“话题飙升榜”的相关情况。如图 5-9、图 5-10 所示为“音乐排行榜”和“话题排行榜”的相关界面。

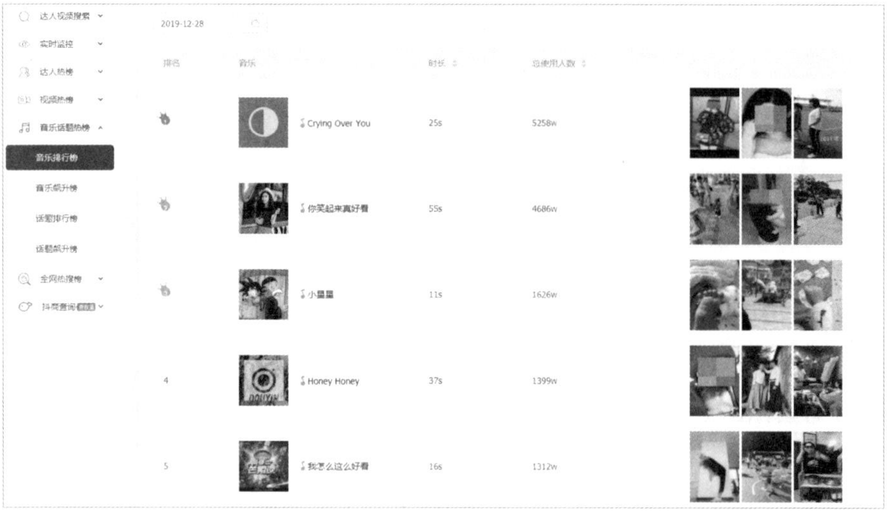

图 5-9　“音乐排行榜”界面

图 5-10　“话题排行榜”界面

5.2.3 全网热搜榜：学习模仿打造自己的爆款视频

除了“抖商搜索”和“音乐话题热榜”之外，抖音运营者还可以重点查看一下 99 抖商平台的“全网热搜榜”版块。该版块会对微博、百度、微信和知乎这 4 个平台的热搜内容进行展示。如图 5-11 所示为微博热搜榜单界面。

图 5-11　微博热搜榜单界面

如果抖音运营者对榜单中的某个内容感兴趣，还可以点击后方的“相关短视频”按钮，查找抖音中相关短视频的数据情况，并通过学习模仿打造自己的爆款视频。如图 5-12 所示为相关短视频的数据情况。

图 5-12　查看相关短视频的数据情况

5.3 搜索优化：抖音短视频 SEO 霸屏技巧

大多数抖音用户需要查看某些内容时，都会直接在抖音中进行搜索。因此，如果抖音运营者能够通过抖音短视频优化，让短视频内容实现霸屏，那么便能让视频内容和抖音账号在短期内获得大量抖音用户的关注，实现粉丝的快速积累。

5.3.1 什么是短视频 SEO 优化

SEO 是 Search Engine Optimization 的英文缩写，中文译为“搜索引擎优化”。它是指通过对内容的优化获得更多的流量，从而实现自身的营销目标。所以，说起 SEO，许多人首先想到的可能就是搜索引擎的优化，如百度平台的 SEO。

其实，SEO 不只是搜索引擎独有的运营策略。抖音短视频同样是可以进行 SEO 优化的。比如，我们可以通过对抖音短视频的内容运营，实现内容霸屏，从而让相关内容获得快速传播。

5.3.2 做短视频 SEO 的 4 个理由

短视频 SEO 可能是一件费时、费力，还不一定能够立刻见效的事。那么为什么我们还要做抖音短视频 SEO 呢？笔者认为主要有以下 4 个理由。

1. 让视频更容易被看见

通常情况下，在抖音中搜索某一内容时，手机页面中显示的短视频是比较有限的。如果是“综合”搜索，抖音用户第一眼只能看到一个短视频；如果是“视频”搜索，抖音用户第一眼看到的也只有 4 个短视频，如图 5-13 所示。

图 5-13　搜索后显示有限的视频

而通过抖音短视频 SEO，你的视频排名会从一定程度上获得提高。这样一来，你的抖音视频会排在搜索结果的前列。因此，视频会更容易被抖音用户看到。

2. 实现抖音号快速增粉

如图 5-14 所示为关于穿搭的两条抖音短视频。其中，左边这条短视频出现在搜索结果的前列，右边这条短视频则出现在搜索结果的后面。而这两条短视频的相关数据明显也有较大的差距。单从点赞数据来看，左边的短视频超过了 16 万，而右边的短视频则仅有 200 多。

当然，这种数据的差异与视频的具体内容有一定的关系，但也是受视频搜索结果的影响。毕竟抖音用户搜索查看同一类视频时，往往会从排名靠前的看起。因此，经过 SEO 优化的短视频会被更多抖音用户看到，往往能够起到为抖音号快速增粉的作用；而排名靠后的短视频，看到的抖音用户相对较少，起到的增粉作用就会很有限。

3. 提高品牌曝光度

正是因为通过优化的短视频内容会被更多抖音用户看到，所以，企业号发布的抖音短视频经过 SEO 优化之后，视频的营销效果会有所增强，而品牌的曝光度和认知度也将因此提升。

图 5-14　两条关于穿搭的短视频

4. 提高商品成交量

同类型的短视频，如果一条短视频的播放量为 10 万，另一条短视频的播放量仅为 5000，那么，那条播放量为 10 万的短视频可以获得的成交量通常会很高。而借助短视频 SEO 优化，抖音运营者便可以将原本播放量可能只有 5000 播放量的短视频，做到 10 万的播放量。这样一来，视频中商品的成交量自然而然地就提高了。

5.3.3　短视频 SEO 的优化技巧

抖音短视频 SEO 优化的关键就在于视频关键词的选择。而视频关键词的选择又可细分为两个方面，即关键词的确定和使用。

1. 视频关键词的确定

用好关键词的第一步就是确定合适的关键词。通常来说，关键词的确定主要有以下两种方法。

（1）根据内容确定关键词

什么是合适的关键词？笔者认为，它首先应该是与抖音号的定位以及短视频的内容是相关的。否则抖音用户即便看到了短视频，也会因为内容与关键词不对应而直接划过，这样一来，选取的关键词也就没有太多积极意义了。

（2）通过预测选择关键词

除了根据内容确定关键词之外，还需要学会预测关键词。抖音用户在搜索时所用到的关键词可能会呈现阶段性的变化。具体来说，许多关键词都会随着时间的变化而具有不稳定的升降趋势。因此，抖音运营者在选取关键词之前，需要先预测用户搜索的关键词，下面笔者从两个方面分析介绍如何预测关键词。

社会热点新闻是人们关注的重点，当社会新闻出现后，会出现一大波新的关键词，搜索量高的关键词就叫热点关键词。

因此，抖音运营者不仅要关注社会新闻，还要学会预测热点，抢占最有利的时机预测出热点关键词，并将其用于抖音短视频中。下面，笔者介绍一些预测热点关键词的方向，如图 5-15 所示。

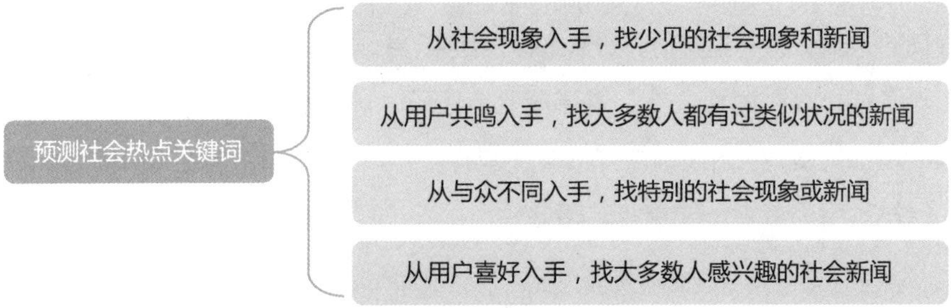

图 5-15　预测社会热点关键词

除此之外，即便搜索同一类物品，抖音用户在不同时间段选取的关键词仍有可能会有一定的差异性。也就是说，抖音用户在搜索关键词的选择上可能会呈现出一定的季节性。因此，抖音运营者需要根据季节性，预测用户搜索时可能会选取的关键词。

值得一提的是，关键词的季节性波动比较稳定，主要体现在季节和节日两个方面，如用户在搜索服装类的内容时，可能会直接搜索包含四季名称的关键词，即春装、夏装等；节日关键词会包含节日名称，即春节服装、圣诞服装等。

季节性的关键词预测还是比较容易的，抖音运营者除了可以从季节和节日名称上进行预测，还可以从以下方面进行预测，如图 5-16 所示。

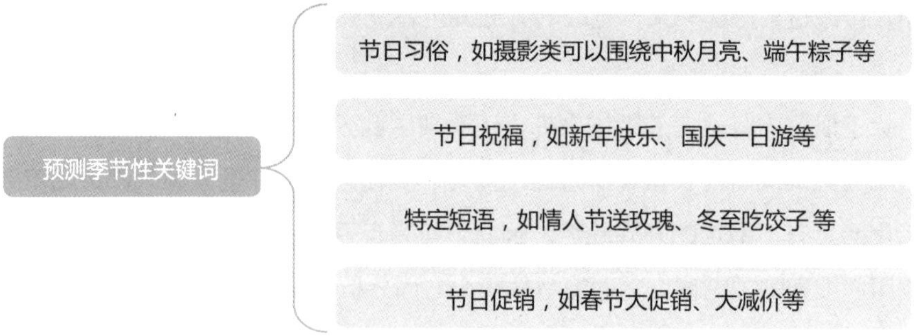

图 5-16　预测季节性关键词

2. 视频关键词的使用

在添加关键词之前，抖音运营者可以通过查看朋友圈动态、微博热点等方式，抓取近期的高频词汇，将其作为关键词嵌入抖音短视频中。

需要特别说明的是，运营者统计出近期出现频率较高的关键词后，还需了解关键词的来源，只有这样才能让关键词用得恰当。

除了选择高频词汇之外，抖音运营者还可以通过在抖音号介绍信息和短视频文案中增加关键词使用频率的方式，让内容尽可能地与自身业务直接联系起来，从而给抖音用户带来一种专业的感觉。

第 6 章

抖音蓝 V：解锁更多企业营销玩法

不同群体运营抖音号的目的有所不同，而要想达成目的，首先要做的就是拥有一个能更好、更快达成目的的抖音号。

对于企业来说，蓝 V 企业号可以说是运营抖音的一种必然选择。通过蓝 V 的认证，不仅可以得到抖音官方的认可，而且还能解锁更多企业营销的玩法。

6.1 打造自己的品牌，与用户建立更多的联系

为什么企业要花时间和精力注册企业号，并进行蓝V认证呢？笔者认为，这主要是因为通过企业号的注册和蓝V的认证，企业可以在抖音上拥有抖音官方认证的抖音号，并借助这些抖音号打造自己的品牌，与用户建立更多的联系。

6.1.1 蓝V概述：了解蓝V大事记

在蓝V企业号的发展过程中，主要出现了5个大事件。下面就来进行简单的解读。

1. 产品内侧

2018年3月，抖音与迪奥、小米等品牌进行品牌主页的内测合作。这就是蓝V企业号的产品内测。

2. 正式上线

2018年6月1日，蓝V企业号正式在抖音上线，认证通过的蓝V企业号可全面打通抖音短视频、今日头条和火山小视频这3大平台。

2018年6月6日，《抖音蓝V运营从0到1》发布，该文件对蓝V企业号的基本运营方法进行了披露。

3. 功能完善

2018年7月，自定义私信、POI认领上线，为蓝V企业号打造线上线下全链路提供了便利。

2018年9月开始，抖音官方开始定期发布《抖音企业蓝V榜》，根据粉丝、活跃度等分别对蓝V企业号对应的品牌进行了排行。

4. 生态完整

2018年10月30日，抖音蓝V生态大会在北京举行。

2019年3月，抖音蓝V生态服务商公布，蓝V私享会成立，抖音蓝V企业号服务生态日益完善。

5. 功能升级

2019年3月，蓝V企业号商家页面上线，子母账号、粉丝画像特权功能也陆续上线。

6.1.2 申请蓝V：快速认证企业号

要认证企业号，先得找到企业号的认证入口。我们可以打开浏览器，在搜索栏中输入："https://www.douyin.com/"，进入如图6-1所示的抖音官网首页。选择菜单栏"企业合作"中的"企业认证"选项。

图6-1 选择"企业合作"选项

操作完成后，即进入如图6-1所示的"企业认证"界面。如果想要进行企业认证，只需点击界面中的"立即认证"按钮即可。

图 6-2　点击“立即认证”按钮

执行操作后，进入如图 6-3 所示的企业认证说明界面。该界面对企业认证步骤进行了说明。如果确定需要进行企业认证，可以点击界面中的“开启认证”按钮，开始进行企业认证。

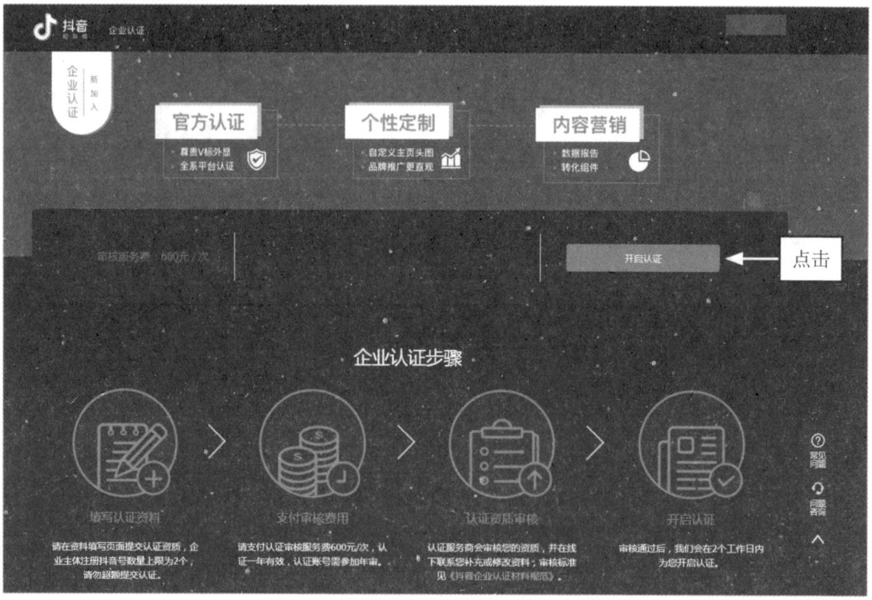

图 6-3　企业认证说明界面

从图 6-3 中不难看出，企业认证可以分为 4 个步骤。那么，这 4 个步骤中具体要做些什么呢？接下来就分别进行分析。

1. 填写认证资料

点击企业认证说明界面中的“开启认证”按钮，即可进入如图 6-4 所示的填写认证资料界面。运营者需要在该界面中按照要求填写相关资料，资料填写完成后，点击界面下方的“提交资料”按钮即可。

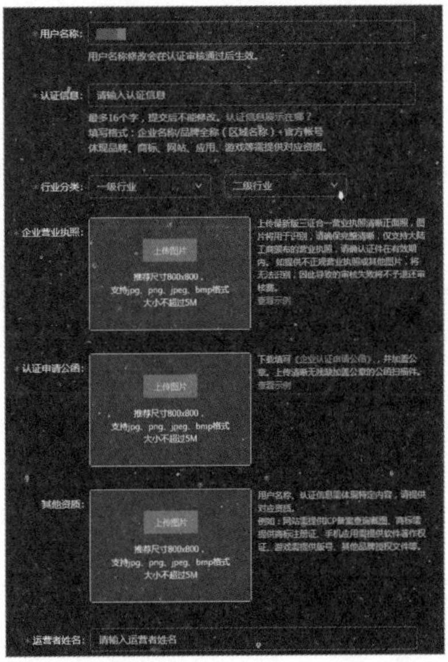

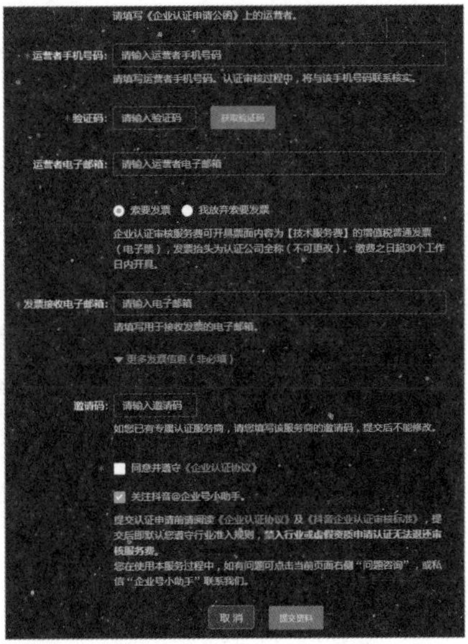

图 6-4　填写认证资料界面

2. 支付审核费用

点击填写认证资料界面中的“提交资料”后，系统会弹出支付审核费用的提示。蓝 V 企业号的审核费用为 600 元 / 次，认证有效期为 1 年。也就是说，1 年之后，还需要再次进行审核，并提交审核费用。

3. 认证资质审核

支付审核费用之后，相关认证人员会根据《抖音企业认证材料规范》（该规范在企业认证说明界面的企业认证步骤版块提供了入口，运营者只需点击便可以查看）对运营者提交的资料进行审核。

4. 开启账号认证

认证资质审核通过后，相关工作人员会在两个工作日内对账号开启认证。账号认证开启之后，运营者便拥有了一个蓝 V 企业号。

6.1.3 营销链路：建立企业与用户的联系

抖音短视频平台信息密度高，消费者历程相对较短，从而实现了人与信息的直接、高效链接。企业可以将蓝 V 企业号作为营销的阵地，建立企业与用户的联系，并结合蓝 V 企业的各项功能权益，更好地进行抖音营销。具体来说，蓝 V 企业号的功能权益链路如图 6-5 所示。

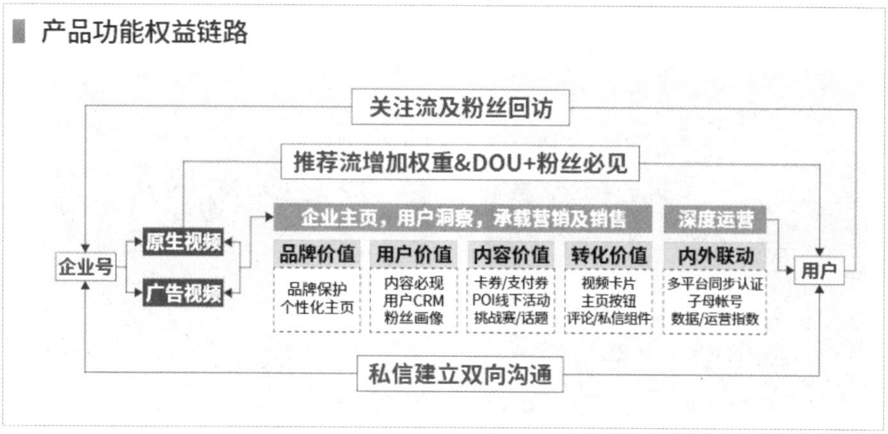

图 6-5 蓝 V 企业号的功能权益链路

6.1.4 价值落地：满足企业的营销诉求

蓝 V 企业号可以帮助企业紧跟用户，借助平台设计的承接企业营销价值的多种功能，实现价值闭环。再加上抖音短视频平台具有信息密度高的特点，因此，无论用户在抖音平台的历程长短如何，企业均可通过蓝 V 企业号实现价值落地，满足自身的营销诉求。具体来说，蓝 V 企业号的价值落地又体现在如下 4 个方面。

1. 品牌价值

通过蓝 V 认证的方式，可以保证品牌账号的唯一性、官方性和权威性。通过蓝 V 认证之后，企业可以将蓝 V 企业号作为固定的抖音阵地，发挥品牌的影响力，并通过抖音的传播，获得更大的影响力。另外，认证通过的蓝 V 企业号的主页定制功能，也能让宣传推广获得更好的效果，从而充分发挥品牌的价值。

2. 用户价值

对于企业来说，每一个蓝 V 账号的关注者都是目标用户。如果能够挖掘关注者的价值，便可充分发挥粉丝的影响力，实现用户对品牌的反哺。而蓝 V 账号可以通过粉丝互动管理、粉丝用户画像，让内容触达用户，从而为用户营销提供全链路的工具，更好地实现用户价值，如图 6-6 所示。

图 6-6　全链路的用户营销工具

3. 内容价值

蓝 V 企业号拥有更丰富的内容互动形式、更强的内容扩展性，因此，能够更好地符合用户的碎片化、场景化需求，让更多用户沉淀下来，并在与企业的互动过程中，充分发挥价值，为品牌目标的实现助力。具体来说，企业可以借助日常活动、节点营销和线下活动，更好地实现蓝 V 企业号的内容价值，如图 6-7 所示。

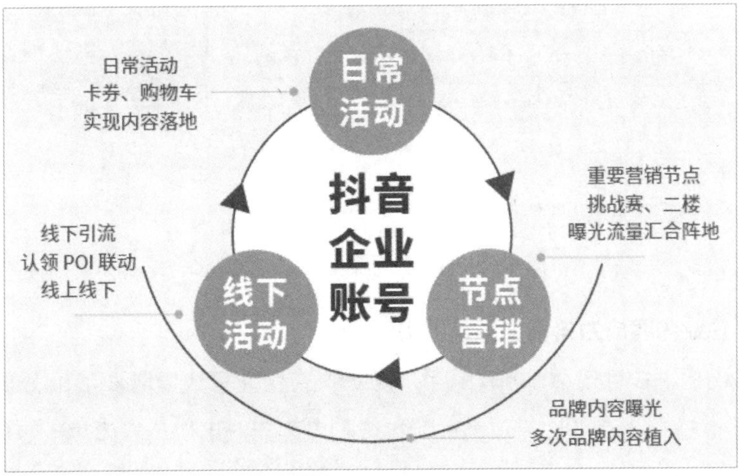

图 6-7　蓝 V 企业号能够更好地实现内容价值

4. 转化价值

蓝 V 企业号可以通过多种途径实现从种草到转化的闭环，最大限度地发挥营销短路径的优势。利用蓝 V 企业号的视频入口、主页入口和互动入口，企业可以让抖音用户边看边买，实现企业的转化价值。

6.1.5 数据简述：蓝 V 的发展特征和趋势

蓝 V 企业号的发展，呈现出 3 个特征和趋势。下面，笔者将通过相关数据分别进行简述。

1. 行业覆盖更广

从开始内测到目前已覆盖近 30 个以及行业和近 270 个二级行业，蓝 V 企业号的行业覆盖无疑变得更广了。除此之外，抖音中的行业发布占比也发生了变化，具体如图 6-8 所示。

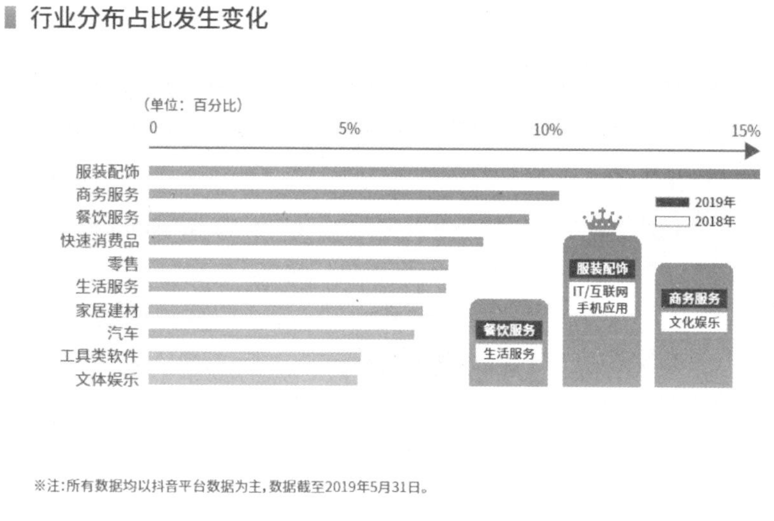

图 6-8 抖音行业分布占比变化

2. 企业内容成为抖音视频重要来源

从 2018 年 6 月到 2019 年 5 月，蓝 V 抖音企业号数量增长了 44.6 倍，投稿量增长了 211 倍，企业账号日益成为抖音的重要活跃用户。具体数量变化趋势，如图 6-9 所示。

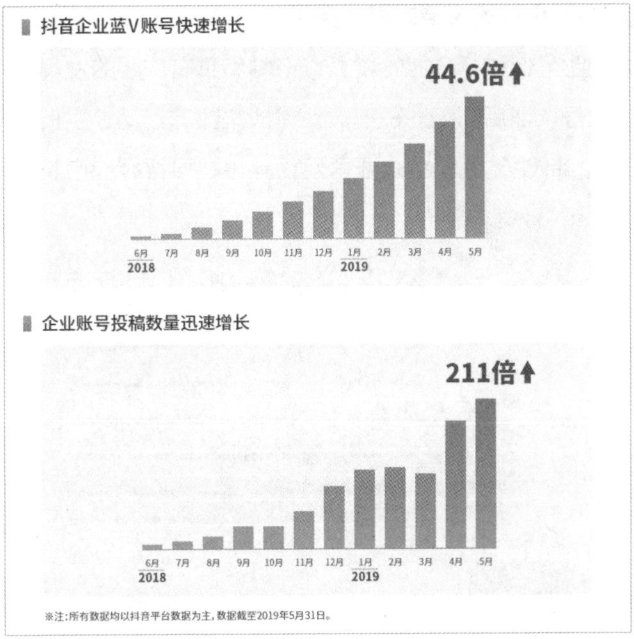

图 6-9　蓝 V 抖音账号和企业账号投稿数量变化图

除此之外，蓝 V 企业号的内容也成为抖音视频的重要来源。蓝 V 企业号的累积粉丝数和内容播放次数也非常可观，如图 6-10 所示。

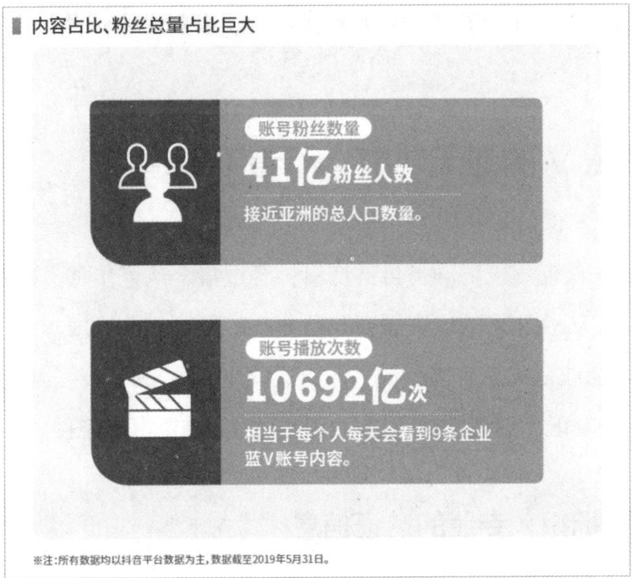

图 6-10　蓝 V 企业号的累积粉丝数和内容播放次数

3. 流量红利为企业营销带来更大空间

虽然蓝 V 企业号保持了高速的增长，但其仍具有广阔的发展空间。相比于认证前，蓝 V 企业号认证后的平均投稿数、播放次数、互动、主页访问和粉丝关注数量都有所增长。而且众多蓝 V 企业号发粉丝也在保持高速增长的同时，获得了巨大的粉丝量，相关数据如图 6-11 所示。

图 6-11　蓝 V 企业号认证前后的数据对比以及账号粉丝数据的变化

6.2 抖音蓝 V 的逆天功能，不看不知道

蓝 V 企业号认证不仅要准备各种资料，经过各个认证步骤，还要支付审核费用。也就是说蓝 V 企业号的认证需要花费更多的时间和金钱成本。那么，为什么还要进行蓝 V 企业号的认证呢？这主要是因为认证后的蓝 V 企业号拥有许多不看不知道的逆天功能，这些功能可以为企业营销创造更好的条件。

6.2.1 蓝 V 标识：专属的认证信息

通过蓝 V 认证的企业号，会在主页名字的左下方显示图标。抖音用户看到该图标之后，就会明白这是通过了蓝 V 认证的企业号。如图 6-12 所示为荣耀手机的主页界面，可以看到在“荣耀手机”这个名字左下方便出现了图标。

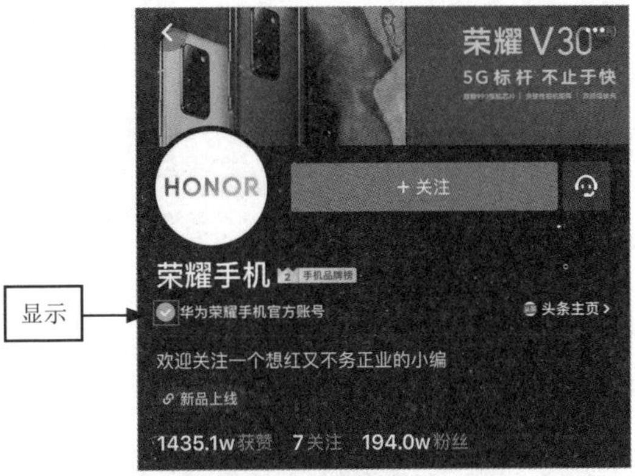

图 6-12　荣耀手机的蓝 V 标识

6.2.2　认证信息：表示官方权威

通过蓝 V 认证的企业号会对认证信息进行展示，以“× × × 官方账号”或“× × × 公司”的形式让抖音用户明白这是通过认证的企业官方账号。如图 6-13 所示为小米手机的主页，可以看到其名字下方便显示为“小米手机官方账号”。

图 6-13　小米手机的官方账号

6.2.3　自定义头像：彰显权威身份

蓝 V 企业号可以通过自定义账号头像来彰显权威身份。比如，可以将品牌

LOGO 作为账号的头像，让抖音用户一看头像就知道这是哪个品牌的抖音蓝 V 账号。如图 6-14 所示为华为终端的主页，可以看到其便是通过将品牌 LOGO 设置为账号头像的形式，来彰显账号权威身份的。

图 6-14　华为终端的头像

6.2.4　视频置顶：最多可达三个置顶视频

蓝 V 企业号可以将三个视频进行置顶，优先将相关视频内容进行展示。如图 6-15 所示为 vivo 和肯德基的抖音主页，可以看到这两个蓝 V 企业号并将三个视频进行了置顶。

图 6-15　vivo 和肯德基的抖音主页

其实，相比于置顶视频，笔者认为更重要的还是置顶视频的选择。那么，什么样的视频可以优先作为置顶视频呢？在笔者看来，优先置顶的视频主要可以分为两种，一种是播放量、传播率高的视频；另一种是能够能够与用户产生连接的视频，如可以引导用户联系运营者的视频。

6.2.5　认证同步：抖音、头条、西瓜一站式多认证

因为抖音、今日头条和西瓜短视频都是今日头条旗下的产品，所以，今日头条将这 3 个平台进行了打通。运营者可以通过抖音蓝 V 企业号的认证，一站式完成这 3 个平台的认证。

这不仅能够节省分别认证的时间，而且通过抖音号绑定今日头条，抖音号还可以共享今日头条的粉丝量。也就是说，如果你的今日头条拥有一定的粉丝量，那么，即便你注册的是新蓝 V 企业号，新账号也会拥有和今日头条相同的粉丝量。这也是许多抖音号没有发太多作品，也拥有一定粉丝量的重要原因。

除此之外，抖音绑定今日头条之后，抖音号主页还会提供今日头条的入口。如图 6-16 所示为宝马中国的抖音主页，抖音用户只需点击页面中的“头条主页”按钮，并在弹出的对话框中选择“立即前往”选项，便可进入宝马中国今日头条的官方主页。

图 6-16　从抖音进入今日头条主页

6.2.6 昵称搜索置顶：让客户快速找到你，抢占流量入口

当用户搜索抖音号时，系统会将通过蓝 V 认证的企业号置顶。这可以让企业的目标客户更快地找到企业的账号，从而帮助企业抢占流量入口。如图 6-17 所示为在抖音“用户”中搜索“小米”的结果，可以看到排在搜索结果最前面的两个账号，就是通过了蓝 V 认证的小米官方账号。

图 6-17 在“用户”中搜索“小米”的结果

6.2.7 官方链接：可设置自己的官网链接

蓝 V 企业号拥有外链按钮设置权，抖音用户只需点击设置好的外链按钮，便可跳转至企业的官方网站、主页等。比如，点击安踏体育抖音主页中的“官网链接”按钮，便可进入其官方网站，如图 6-18 所示。

图 6-18 利用外链设置官网链接

6.2.8 电话呼出：让抖音用户可以直接联系你

蓝 V 企业号拥有电话呼出组件，通过该组件的设置，可以在抖音主页界面直接留下联系方式，抖音用户只需点击对应的按钮，便可以联系企业相关人员。如图 6–19 所示某公司的抖音主页中设置了“联系方式”按钮，抖音用户只需点击该按钮便会弹出呼叫对应号码的对话框，点击该对话框便可与企业相关人员取得联系。

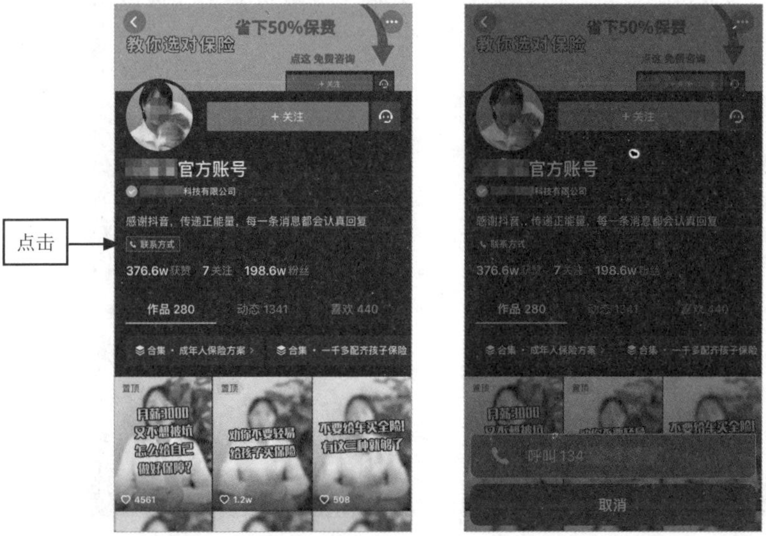

图 6–19　利用电话呼出组件设置联系方式

6.2.9 私信自定义回复：支持多种样式内容

据相关数据统计，7W ＋企业平均每天能收到 7 个用户信息。但大多数企业并不会安排人员一直守着自己的抖音号。而借助私信自定义回复功能，则可以很好地解决这个问题。

蓝 V 企业号可以借助抖音支持的多种私信自定义样式，设置一连串的自动回复。如果没有时间，可以在自动回复中展示企业的联系方式、服务范围等内容；如果抖音用户有合作需求，便可以通过你的自动回复，找到合作的渠道。这不仅可以避免错过客户，还能从很大程度上节省一一回复的时间。

6.2.10　单独商品页：更好地对商品信息进行展示

一般的抖音号的主页只有“作品”“动态”和“喜欢”3 个版块的内容，而蓝 V 企业号则多了一个“商家”版块。企业可以利用该版块对旗下商品的相关信息进行展示。如图 6-20 所示为某蓝 V 企业号的主页，可以看到其便拥有单独的商家页。

图 6-20　蓝 V 企业号的单独商家页

6.2.11　认领 POI 地址：信息曝光以及流量转化

蓝 V 企业号可以通过 POI 地址的认领，进行信息曝光以及流量转化，将线上的抖音用户引至线下的实体店。如图 6-21 所示的视频中，在抖音号名字的上方，出现了带有的链接，抖音用户只需点击链接，便可进入店铺详情信息界面。

该功能对于拥有实体店的蓝 V 企业可谓是至关重要。抖音用户不仅可以借助 POI 地址认领功能查看店铺的相关情况，还能联系店铺的相关人员，并借助导航软件，直接去店铺中打卡。

图 6-21　通过 POI 地址认领展示店铺详情信息

6.2.12　数据分析：方便抖音运营参考与分析

蓝 V 企业号可以去后台查看相关数据，对运营情况进行分析，并根据分析进行调整和改进。具体来说，蓝 V 企业号的数据分析主要包括如下 5 个方面。

（1）账号主页数据。蓝 V 企业号运营者不仅可以查看账号的粉丝总量、粉丝增长数量等数据，还可对访问主页的抖音用户的年龄、性别等数据进行分析。

（2）单条视频数据。蓝 V 企业号运营者可以查看某条视频的评论、点赞、转发等数据，并根据这些数据优化视频内容，生产更受抖音用户欢迎的内容。

（3）账号运营数据。蓝 V 企业号运营者可以查看账号相关数据的变化趋势，如粉丝增长曲线、点赞增长曲线等。

（4）竞品的相关数据。蓝 V 企业号运营者可以查看行业账号的整体运营情况，掌握行业发展的趋势。

（5）粉丝的相关数据。蓝 V 企业号运营者可以查看用户的画像情况，从而更好地了解目标用户的需求，提高企业营销的转化率。

6.3 行业应用：抖音已成为企业营销不可忽视的阵地

随着抖音的发展壮大，越来越多企业开始将抖音作为一个重要的营销平台，抖音已成为企业营销不可忽视的一个阵地。这一节就从不同行业进行分析，让大家掌握相关的运营技巧。

6.3.1 手机行业抖音蓝 V 账号运营技巧

《抖音企业蓝 V 白皮书 2019 版》根据 2018 年 6 月至 2019 年 5 月蓝 V 企业号的播放、点赞、投稿、粉丝等运营情况，选出了活跃 TOP10。并根据 2019 年 3 月至 6 月的播放表现，选出了飙升 TOP10。如图 6-22 所示为手机行业蓝 V 企业号的活跃榜 TOP10 和飙升榜 TOP10 的榜单情况。

下面就以活跃 TOP10 中排名第 2，飙升 TOP10 中排名第 1 的 vivo 为例，对手机行业蓝 V 企业号的运营进行简要的说明。

图 6-22　手机行业蓝 V 企业号的活跃 TOP10 和飙升 TOP10

vivo 擅长通过直播、快闪店和创新话题挑战等方式，对新发布的手机进行宣传推广，引发潜在客户的互动，从而全面提升用户对品牌的好感。比如，在 vivo X27 发布时，vivo 在抖音平台中开展了“# 一升就变美”话题挑战，如图 6–23 所示。

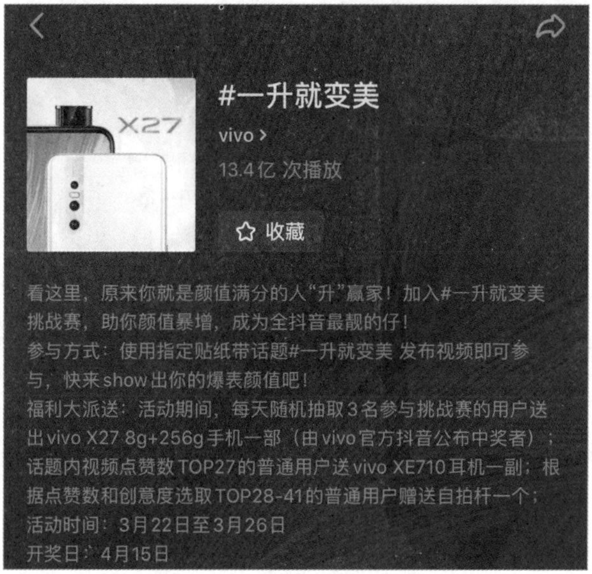

图 6–23　“# 一升就变美”话题挑战

该话题挑战活动的总播放量高达 13.4 亿，vivo 蓝 V 企业号在该话题挑战开展期间新增粉丝近 11 万，其品牌也连续两周蝉联品牌热度榜第一。除了该活动之外，vivo 还开展了许多类似的话题挑战活动，因此，vivo 能处于手机行业活跃 TOP10、飙升 TOP10 的前列也就不难理解了。

6.3.2 汽车行业抖音蓝 V 账号运营技巧

《抖音企业蓝 V 白皮书 2019 版》根据 2018 年 6 月至 2019 年 5 月汽车蓝 V 企业号的播放、点赞、投稿、粉丝等运营情况，选出了汽车行业活跃 TOP10。并根据 2019 年 3 月至 6 月的播放表现，选出了汽车蓝 V 企业号飙升 TOP10，具体榜单情况如图 6–24 所示。

图 6-24　汽车行业蓝 V 企业号的活跃 TOP10 和飙升 TOP10

下面，笔者就以活跃 TOP10 中排名第 2 的宝马中国为例进行说明。相信大家对于宝马这个品牌都不陌生。许多人在说到汽车时，首先想到的就是奔驰和宝马。由此，也不难看出宝马在人们心中的认知度。

正是因为宝马认知度高，再加上其旗下的汽车质量都普遍比较好。所以，许多对汽车类内容感兴趣的抖音用户都会关注宝马中国这个蓝 V 企业号，而该账号的粉丝在 2019 年 12 月也达到了 165 万（居于汽车行业蓝 V 企业号粉丝量第一位），如图 6-25 所示为宝马中国的抖音主页。

图 6-25　宝马中国的抖音主页

当然，除了品牌的口碑和原有的认知度之外，宝马也借助抖音蓝 V 企业号进行了一些营销。比如，开展了多个播放量过亿的话题。如图 6–26 所示为宝马官方开展的一个活动，可以看到其播放量便超过了 29 亿次。如此大的数量，宝马官方的活跃度自然很容易就得到了保障。

图 6–26　宝马的话题活动

6.3.3　食品行业抖音蓝 V 账号运营技巧

《抖音企业蓝 V 白皮书 2019 版》根据 2018 年 6 月至 2019 年 5 月汽车蓝 V 企业号的播放、点赞、投稿、粉丝等运营情况，选出了食品行业活跃 TOP10。并根据 2019 年 3 月至 6 月的播放表现，选出了食品行业蓝 V 企业号飙升 TOP10，具体榜单情况如图 6–27 所示。

图 6–27　食品行业蓝 V 企业号的活跃 TOP10 和飙升 TOP10

下面，笔者就以王老吉为例进行说明。说到王老吉，许多人可能会想到一句广告语：怕上火，喝王老吉。作为一个凉茶品牌，王老吉无疑在国内拥有很高的知名度。许多人想喝凉茶时，甚至都会直接说：来罐（瓶）王老吉！

王老吉在抖音中开展了许多活动，而这些活动也在提高其品牌知名度的同时，大大提高了其蓝 V 企业号的活跃度。如图 6-28 所示为王老吉开展的“# 吉是所有美好的开始”话题活动，该话题活动吸引了近 3000 件视频作品。同时，这个活动也为接下来的“# 开启美好吉祥年”话题活动做好了预热。

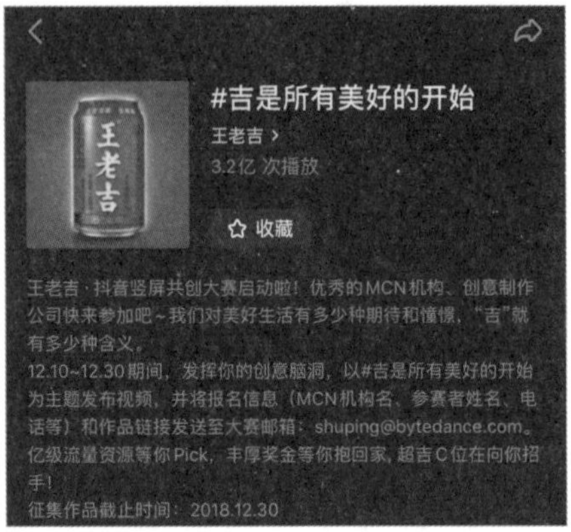

图 6-28　“# 吉是所有美好的开始”话题活动

“# 吉是所有美好的开始”话题活动结束不久，王老吉再次开展了“# 开启美好吉祥年”话题活动，如图 6-29 所示。该活动获得了超过 65 亿播放量，其在解读“吉”文化的同时，向抖音用户传达出“过吉祥年，喝红罐王老吉”的概念。而王老吉的蓝 V 企业号在此期间也保持了较高的活跃度。

图 6-29　“# 开启美好吉祥年”话题活动

6.3.4 游戏行业抖音蓝 V 账号运营技巧

《抖音企业蓝 V 白皮书 2019 版》根据 2018 年 6 月至 2019 年 5 月汽车蓝 V 企业号的播放、点赞、投稿、粉丝等运营情况，选出了食品行业活跃 TOP10。并根据 2019 年 3 月至 6 月的播放表现，选出了旅游行业蓝 V 企业号飙升 TOP10，具体榜单情况如图 6-30 所示。

图 6-30 游戏行业蓝 V 企业号的活跃 TOP10 和飙升 TOP10

下面就以皇室战争为例进行说明。皇室战争的团队很擅长做宣传推广，许多人是通过一些广告宣传知道该游戏的。其在抖音中开展了许多话题活动，其中邀请冯提莫和黑脸 V 发起的“#玩游戏她是认真的”话题活动，播放量达到了 33 亿。而皇室战争蓝 V 企业号也在活动期间沉淀了超过 30 万粉丝，并获得了近 260 万点赞，如图 6-31 所示。

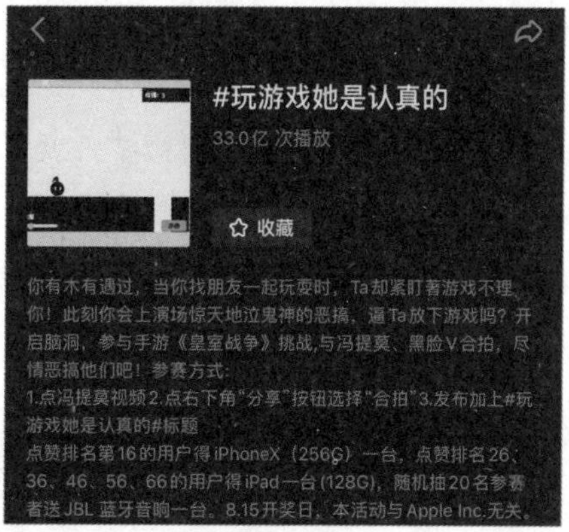

图 6-31 “#玩游戏她是认真的”话题活动

6.3.5 网络服务抖音蓝 V 账号运营技巧

《抖音企业蓝 V 白皮书 2019 版》根据 2018 年 6 月至 2019 年 5 月网络服务蓝 V 企业号的播放、点赞、投稿、粉丝等运营情况，选出了网络服务行业活跃 TOP10。并根据 2019 年 3 月至 6 月的播放表现，选出了网络服务行业蓝 V 企业号飙升 TOP10，具体榜单情况如图 6-32 所示。

图 6-32 网络服务行业蓝 V 企业号的活跃 TOP10 和飙升 TOP10

下面就以美团外卖为例进行说明。美团外卖作为外卖行业的一大巨头而被人们所熟知。再加上其在抖音中发布了许多有趣的视频。所以，许多人在看到美团外卖的蓝 V 企业号之后，立马就选择了进行关注。这也让美团外卖蓝 V 企业号快速积累了超过 300 万粉丝。

除此之外，美团外卖还在抖音中开展了许多活动。如图 6-33 所示为美团外卖开展的“# 全民挑战 66 舞”话题活动，该活动推出后，吸引大量抖音用户自发参与和传播，话题相关视频的播放量达 2.9 亿，点赞数近 300 万，评论也超过了 20 万条。美团外卖蓝 V 企业号也借助该活动获得了许多抖音用户的关注。

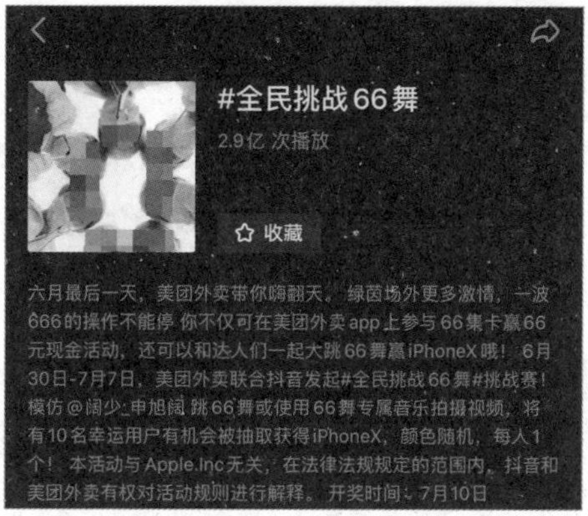

图 6-33　“# 全民挑战 66 舞”话题活动

6.3.6　服装配饰抖音蓝 V 账号运营技巧

《抖音企业蓝 V 白皮书 2019 版》根据 2018 年 6 月至 2019 年 5 月服装配饰蓝 V 企业号的播放、点赞、投稿、粉丝等运营情况，选出了服装配饰行业活跃 TOP10。并根据 2019 年 3 月至 6 月的播放表现，选出了服装配饰行业蓝 V 企业号飙升 TOP10，具体榜单情况如图 6-34 所示。

图 6-34　服装配饰行业蓝 V 企业号的活跃 TOP10 和飙升 TOP10

下面，笔者就以活跃 TOP10 中排名第 3 的汉尚华莲汉服为例进行说明。汉尚华莲是一个原创汉服品牌。近年来，汉服开始受到越来越多年轻人的欢迎，而抖音又是一个年轻人聚集的平台。所以，其很轻松地便可获得大量抖音用户的关注。

再加上汉尚华莲汉服发布了许多高质量的汉服短视频。因此，其蓝 V 企业号很快便获得了一定的粉丝量。如图 6–35 所示为汉尚华莲汉服发布的两条短视频，可以看到这两条短视频的相关数据是比较可观的。

图 6–35 汉尚华莲汉服发布的两条视频

6.3.7 餐饮服务抖音蓝 V 账号运营技巧

《抖音企业蓝 V 白皮书 2019 版》根据 2018 年 6 月至 2019 年 5 月餐饮服务蓝 V 企业号的播放、点赞、投稿、粉丝等运营情况，选出了餐饮服务行业活跃 TOP10。并根据 2019 年 3 月至 6 月的播放表现，选出了餐饮服务行业蓝 V 企业号飙升 TOP10，具体榜单情况如图 6–36 所示。

下面，笔者就以活跃 TOP10 中排名第 1 的淮安老友海鲜大咖为例进行说明。该企业的蓝 V 企业号经常会发布一些美食，特别是海鲜类美食制作方法的视频，所以，吸引了许多爱好美食的抖音用户的关注。

另外，在其发布的视频中还会利用 POI 地址认领功能，添加店铺地址，将抖音用户导流至线下。如图 6–37 所示，淮安老友海鲜大咖利用该方法，让某个店

铺的相关信息获得了 1.5 亿次曝光，这也极大地提高了该店铺的转化率

图 6–36　餐饮服务行业蓝 V 企业号的活跃 TOP10 和飙升 TOP10

图 6–37　利用 POI 地址认领导流至实体店

6.3.8　家居建材抖音蓝 V 账号运营技巧

《抖音企业蓝 V 白皮书 2019 版》根据 2018 年 6 月至 2019 年 5 月家居建

材蓝 V 企业号的播放、点赞、投稿、粉丝等运营情况，选出了家居建材行业活跃 TOP10。并根据 2019 年 3 月至 6 月的播放表现，选出了家居建材行业蓝 V 企业号飙升 TOP10，具体榜单情况如图 6-38 所示。

图 6-38　家居建材行业蓝 V 企业号的活跃 TOP10 和飙升 TOP10

下面，笔者就以活跃 TOP10 中排名第 1 的维意定制家居为例进行说明。维意定制家居，看这个名字就知道，这是一个专注做家居内容的蓝 V 企业号。一般的家居类蓝 V 企业号，能够获得的粉丝通常比较有限，而该账号却获得了超过 490 万粉丝，并且成功跻身于家居建材行业的第 1 位。该蓝 V 企业号之所以能做到这一步，笔者认为主要有两个原因。

第 1 个原因是该账号中发布了大量优质的视频，其中甚至包括了一条播放量过亿的视频，如图 6-39 所示。在抖音上，播放量过亿，无疑是非常火爆的视频了，其带来的流量也是非常可观的。因此，仅凭这 1 条视频，维意定制家居可能就能获得一定数量的粉丝了。

第 2 个原因是该账号借助主页中的“商家”版块，对企业的相关信息进行了宣传推广，如图 6-40 所示。其中的 0 元设计更是吸引了大量抖音用户的关注。虽然 0 元设计只有 200 个名额，而且还只能是本地的业主，但是，许多抖音用户还是会点进去看一下，甚至只是咨询。毕竟，即便名额已满，问一下对于抖音用户来说也没有什么损失。

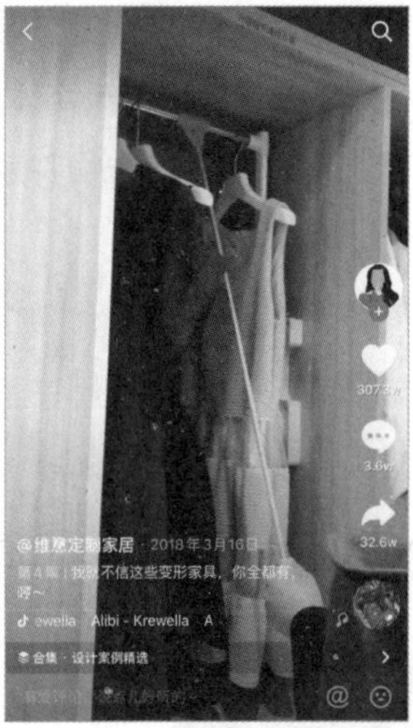

图 6–39　过亿播放量的视频

图 6–40　利用“商家”版块宣传推广

6.3.9　零售行业抖音蓝 V 账号运营技巧

《抖音企业蓝 V 白皮书 2019 版》根据 2018 年 6 月至 2019 年 5 月零售行业蓝 V 企业号的播放、点赞、投稿、粉丝等运营情况，选出了零售行业活跃 TOP10。并根据 2019 年 3 月至 6 月的播放表现，选出了零售行业蓝 V 企业号飙升 TOP10，具体榜单情况如图 6–41 所示。

图 6–41　零售行业蓝 V 企业号的活跃 TOP10 和飙升 TOP10

下面，笔者就以活跃 TOP10 中排名第 4 的屈臣氏中国为例进行说明。屈臣氏是一个知名零售连锁品牌，许多城市的市中心都可以看到屈臣氏实体店的身影。这样一个品牌本身就是很容易积累粉丝的，而且屈臣氏还在抖音中开展了许多话题活动。

如图 6-42 所示为屈臣氏“#2019 做自己美有道理”话题活动的相关介绍。该话题活动的一大特色是需要添加屈臣氏门店的位置。虽然抖音用户都知道这样是在给屈臣氏做宣传，但是，因为这是有奖活动，所以还会选择参与。

图 6-42 “#2019 做自己美有道理”话题活动

于是，随着该活动的开展，越来越多带有屈臣氏实体店位置的视频开始出现在抖音中，如图 6-43 所示。

图 6-43 许多带有实体店位置的视频出现在抖音中

而借助 POI 认领功能，想要去屈臣氏的抖音用户，只需结合手机中的导航软件，便可到线下的实体店中进行购物。这无形之中便为屈臣氏的线下实体店带来了许多客流量。

6.3.10 教育行业抖音蓝 V 账号运营技巧

《抖音企业蓝 V 白皮书 2019 版》根据 2018 年 6 月至 2019 年 5 月教育行业蓝 V 企业号的播放、点赞、投稿、粉丝等运营情况，选出了教育行业活跃 TOP10。并根据 2019 年 3 月至 6 月的播放表现，选出了教育行业蓝 V 企业号飙升 TOP10，具体榜单情况如图 6-44 所示。

图 6-44 教育行业蓝 V 企业号的活跃 TOP10 和飙升 TOP10

下面，笔者就以活跃 TOP10 中排名第 1 的北京七点画室为例进行说明。看该账号的名字就知道这是一个以分享美术内容为主的蓝 V 企业号。如图 6-45 所示为该蓝 V 企业号的抖音主页，可以看到其粉丝数量已达到 372 万。该账号也因此成为教育培训行业的头部账号。那么，它是如何做到的呢？

其实这个问题可以从账号的简介中找到答案。该账号的简介为：我是美术生，爱好，整老师。确实，该账号发布的许多内容都包含了“整”老师的元素。虽然这些视频是在整蛊老师，但在显示学生的绘画功底的同时，也让抖音用户从侧面看到了该培训机构的培训水平。

如图 6-46 所示为北京七点画室发布的一条视频，该视频中一位老师看到墙上有插板，就想要把插头插进去，但是，试了几次都插不进。最后一摸“插板”，才明白这是学生画上去的。这便很好地显示了学生的绘画水平已到了以假乱真的水准。

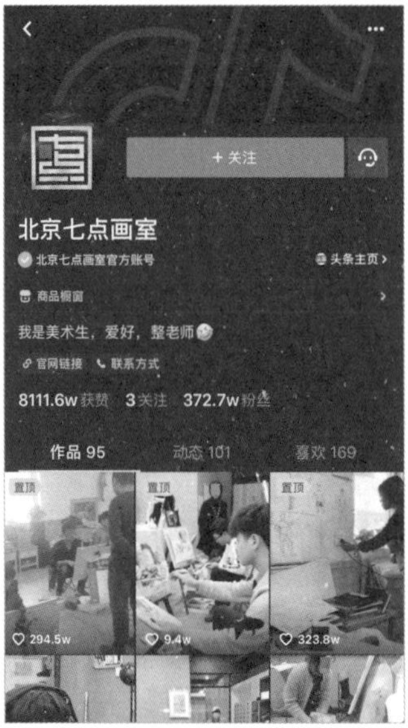

图 6-45　北京七点画室的抖音主页

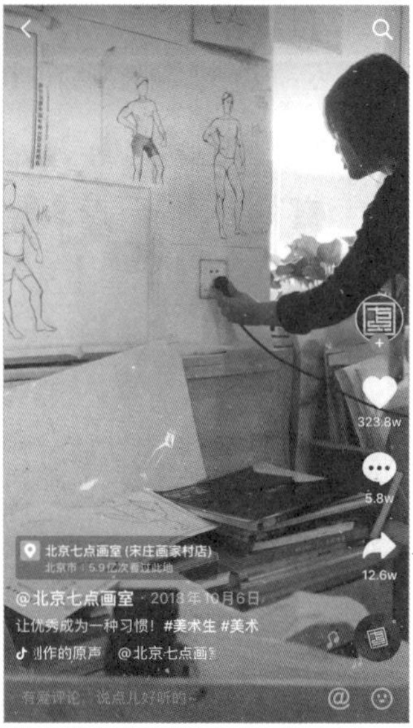

图 6-46　北京七点画室发布的视频

第 7 章

抖音直播：打造惊人的“吸金”能力

在抖音平台中，如果要实现变现，一定要用好视频和直播。而相比于视频，直接面对抖音用户的直播，会更容易受到部分抖音用户的欢迎。

因此，如果主播和抖音账号运营者能够做好抖音直播，就能获得惊人的“吸金”能力。

7.1 抖音直播的抖商引流玩法

抖音热门直播的上线，旨在持续输出“美好正能量”内容，同时也意味着抖音直播功能已经从之前的小范围测试，变成了大范围的生态构建，这样也免除了用户对内容的“饥饿感”。

抖音平台开通直播功能究竟有什么作用？抖音的首要目的毫无疑问是获取用户，如果没有用户，就谈不上运营。抖音开通直播功能可以为产品注入自发传播的基因，从而促进应用的引流、分享、拉新。从“自传播”到再次获取新用户，应用运营可以形成一个螺旋式上升的轨道。

7.1.1 抖音直播的主要开通方法

抖音直播的开通方式主要有两种，一是直接开通；二是加入公会之后开通。下面先来介绍如何直接开通抖音直播。

直接开通抖音直播只需满足 1 个条件即可，那就是进行实名认证。实名认证完成后，如果系统发来系统通知，告知你已获得开通抖音直播的资格，就说明抖音直播功能开通成功了，如图 7-1 所示。

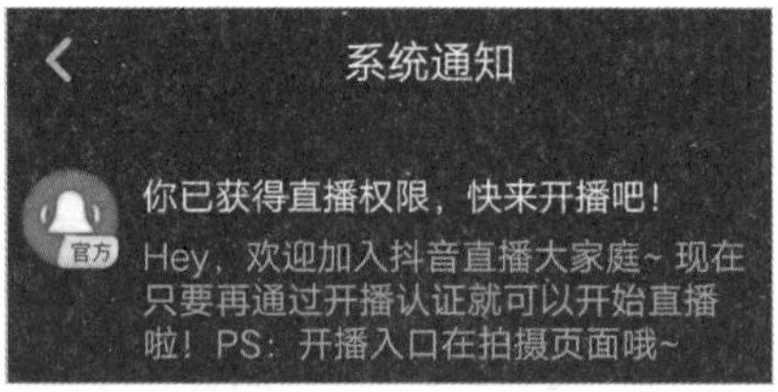

图 7-1　获得开通抖音直播的系统通知

加入公会也可以直接开通直播，当然，加入公会，通常需要有熟人介绍。那么，如何加入公会呢？具体操作步骤如下。

步骤 01　登录抖音短视频 App，点击右下方的“我”按钮；然后点击右上方的按钮；在弹出的菜单栏中选择“设置”选项。

步骤 02 操作完成后，进入“设置”界面，在该界面中选择“反馈与帮助”选项，如图 7-2 所示。

步骤 03 操作完成后，进入“反馈与帮助”界面，在该界面中选择“直播（直播权限申请、直播其他问题）”选项，如图 7-3 所示。

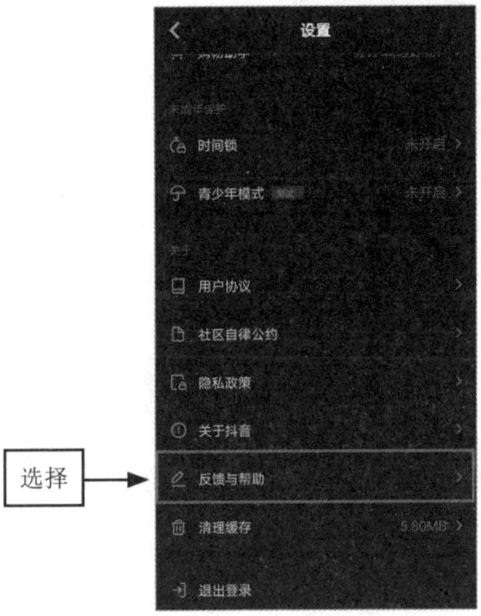

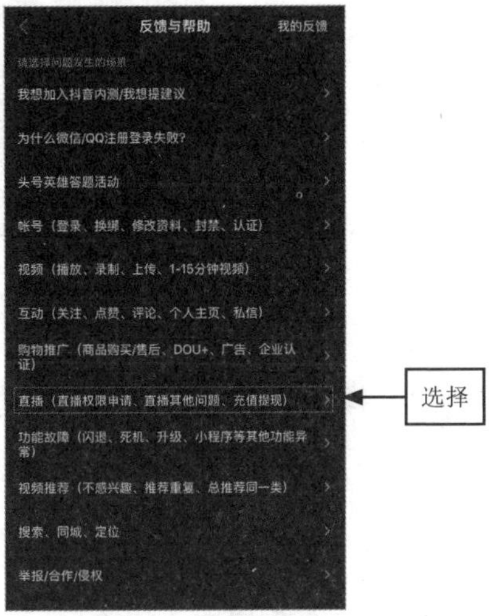

图 7-2　选择“反馈与帮助”选项　　图 7-3　选择“反馈与帮助”选项

步骤 04 操作完成后，在“反馈与帮助”界面中 ❶ 处选择“公会”选项；在新出现的界面中 ❷ 处选择“如何加入公会”选项，如图 7-4 所示。

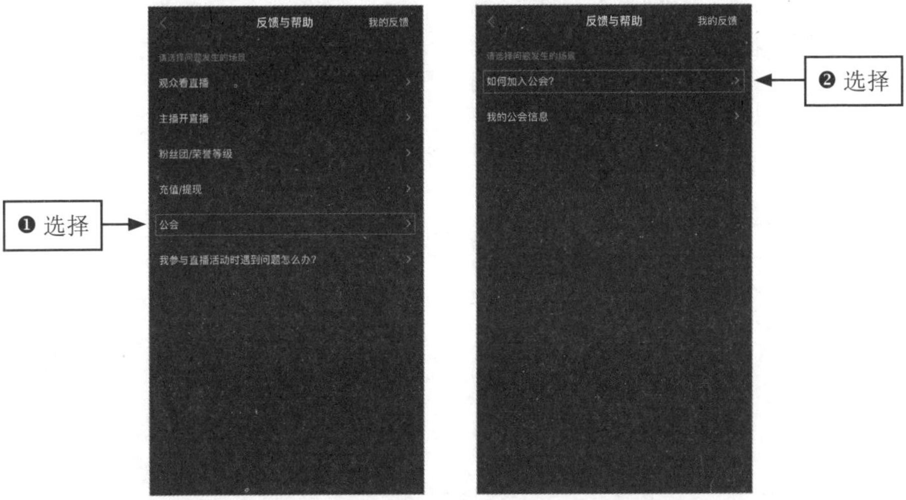

图 7-4　选择“如何加入公会”选项

步骤 05 操作完成后，可以看到抖音平台对于“如何加入公会？”这个问题的解答。其中明确表示，加入公会需要公会主动邀请，如图 7-5 所示。

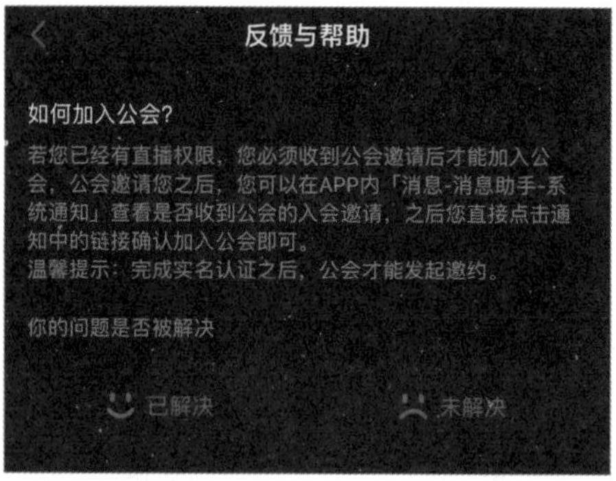

图 7-5　抖音平台对于“如何加入公会？”的解答

7.1.2　抖音直播的入口在哪里

抖音有直播功能，这一点相信所有抖音电商运营者应该都知道。那你知道抖音直播有几个入口吗？下面就来带你看一看。

1. “关注”界面

“关注”界面中如果有抖音账号的头像下方出现“直播中”这 3 个字，那么，只需点击头像便可进入直播间，如图 7-6 所示。

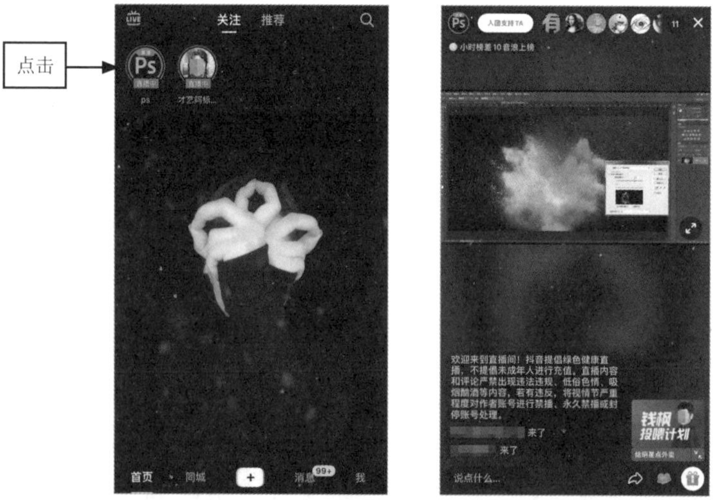

图 7-6　从“关注”界面进入直播间

2. “推荐”界面

如果你在“推荐”界面中，看到某个抖音账号头像上方有“直播”这两个字，那么，只需点击其头像，便可直接进入直播间，如图 7-7 所示。

图 7-7　从“推荐”界面进入直播间

3. “同城”界面

抖音推荐分为两种，一种是全平台的推荐，另一种是同城推荐。通常来说，同城推荐界面的左上方位置会推荐直播内容，抖音用户只需点击其所在的位置，便可直接进入直播间，如图 7-8 所示。

图 7-8　从同城推荐界面进入直播间

4. 直播广场界面

在“首页”界面的左上方有一个“LIVE”按钮，抖音用户只需点击该按钮便可进入某个直播间，如图 7-9 所示。

图 7-9　从“首页”界面进入直播间

除此之外，抖音用户还可点击直播右上方的“更多直播”按钮，进入如图 7-10 所示的直播广场界面。直播广场会对部分直播进行展示，抖音用户只需点击对应直播所在的位置，便可进入其直播间，如图 7-11 所示。

图 7-10　直播广场界面

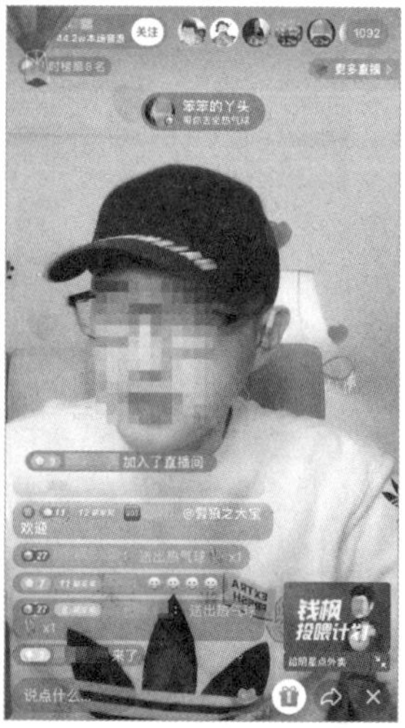

图 7-11　从直播广场进入直播间

7.1.3 抖音直播的开播方法流程

对于抖音运营者来说，抖音直播可谓是促进商品销售的一种直接而又重要的方式。那么，究竟要如何开抖音直播呢？下面就对开直播的方法流程进行简单的说明。

步骤 01 登录抖音短视频 App，进入视频拍摄界面，点击界面中的“开直播”按钮，如图 7-12 所示。

步骤 02 操作完成后即可进入如图 7-13 所示的抖音直播设置界面。

图 7-12 视频拍摄界面

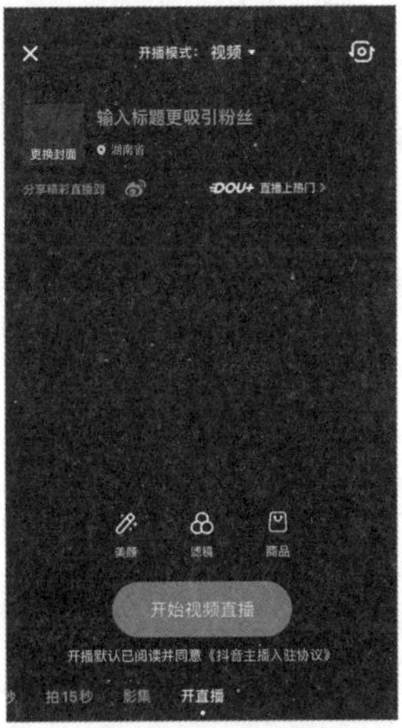

图 7-13 直播设置界面

步骤 03 在直播设置界面 ❶ 处设置直播封面、标题等信息；在 ❷ 处点击“商品”按钮，如图 7-14 所示。

步骤 04 进入如图 7-15 所示的“选择直播商品”界面，在该界面中 ❶ 处选择需要添加的商品；在 ❷ 处点击“完成”按钮。

需要注意的是，该界面中出现的商品来自账号的商品橱窗，如果大家需要添加其他商品，应先行将商品添加至商品橱窗。

步骤 05 操作完成后，返回“直播设置”界面，此时“商品”所在的位置会显示添加的商品数量。确认商品添加无误后，点击“开启视频直播”按钮，如图 7-16 所示。

步骤 06 操作完成后，进入直播倒计时。完成倒计时后，便可进入如图 7-17 所示的直播界面。

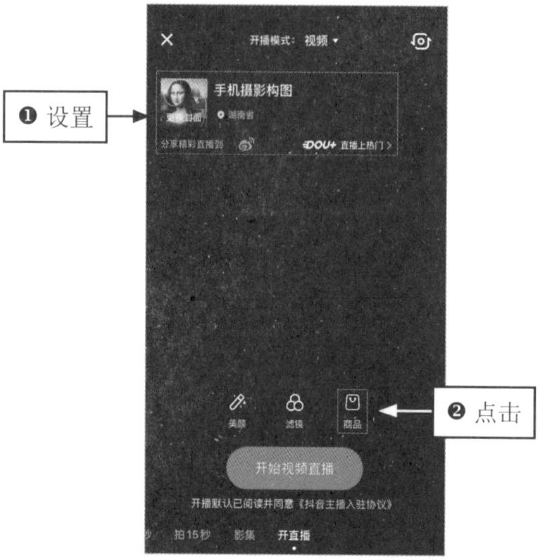

图 7-14　点击“商品”按钮

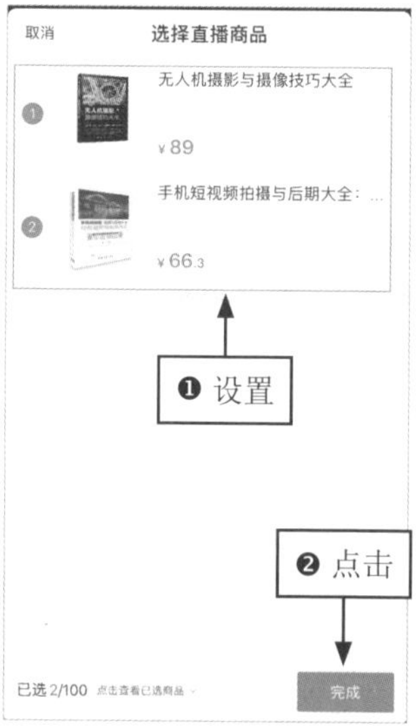

图 7-15　点击“完成”按钮

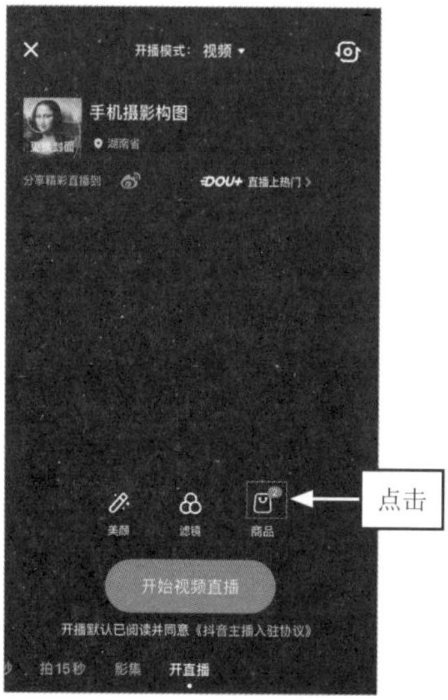

图 7-16　点击“开始视频直播”按钮

图 7-17　进入直播界面

7.1.4　简单几步打造抖音直播室

在运营抖音直播的过程中，一定要注意视频直播的内容规范要求，切不可逾越雷池，以免辛苦经营的账号被封。另外，在打造直播内容、产品或相关服务时，运营者要遵守相关法律法规，只有合法的内容才能得到承认，才可以在互联网中快速传播。

1. 建立更专业的直播室

首先要建立一个专业的直播空间，主要包括以下几个方面。

直播室要有良好稳定的网络环境，保证直播时不会掉线和卡顿，以免影响用户的观看体验。如果是在室外直播，建议选择无限流量的网络套餐。

购买一套好的电容麦克风设备，以便给用户带来更好的音质效果，同时也将自己的真实声音展现给他们。

购买一个好的手机外置摄像头，让直播效果更加高清，给用户留下更好的外在形象。当然也可以通过美颜等效果来给自己的颜值加分。

其他设备还需要准备桌面支架、三脚架、补光灯、手机直播声卡以及高保真耳机等。例如，直播补光灯可以根据不同的场景调整画面亮度，具有美颜、亮肤等作用，如图 7-18 所示。手机直播声卡可以高保真收音，无论是高音或低音都可以还原更真实，让你的歌声更加出众，如图 7-19 所示。

图 7-18　Led 环形直播补光灯

图 7-19　手机直播声卡

2. 设置一个吸睛的封面

抖音直播的封面图片设置得好，能够为各位主播吸引更多的粉丝观看。目前，抖音直播平台上的封面都是以主播的个人形象照片为主，背景以场景图居多。抖音直播封面没有固定的尺寸，不宜过大也不要太小，只要是正方形等比都可以，但画面要做到清晰美观。

3. 选择合适的直播内容

目前，抖音直播的内容以音乐为主，不过也有其他类型的直播内容，如美妆、美食、“卖萌”以及一些生活场景直播等。从抖音的直播内容来看，都是根据抖音社区文化衍生出来的，而且也比较符合抖音的产品气质。

在直播内容创业中，以音乐为切入点可以更快地吸引粉丝关注，在更好地传播好音乐内容的同时，也可以让主播与粉丝同时享受到近距离接触的快感。

7.1.5 抖音直播的吸粉引流技巧

如今，直播借着短视频平台又再次回到了人们的视野，用户只需要一台手机即可快速直播，但直播的竞争却非常残酷，因此所有主播都需要掌握吸粉引流的技巧，让自己快速“火”起来。

1. 定位清晰

精准的定位可以形成个性化的人设，有利于你打造一个细分领域的专业形象。下面介绍一些热门的直播定位类型，如图 7-20 所示。

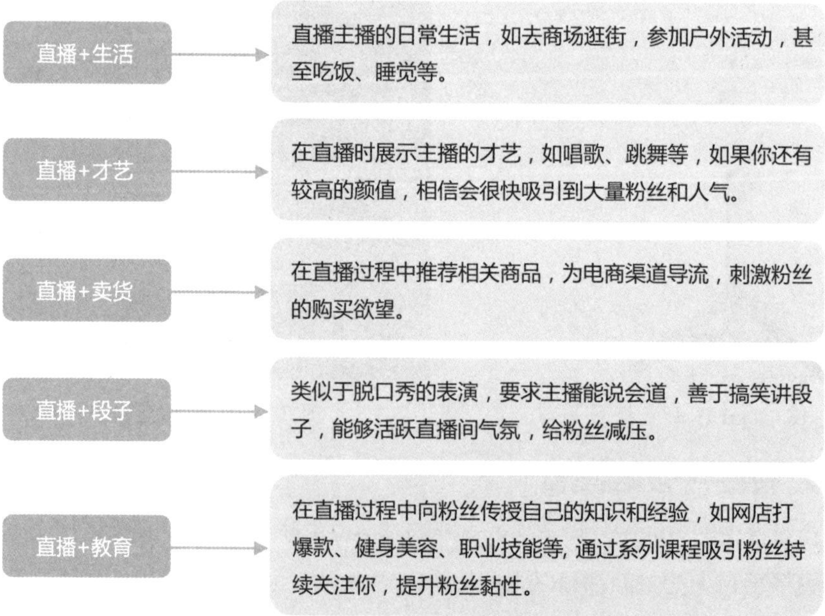

图 7-20　热门直播定位的参考方向

2. 内容垂直

运营者需要根据账号的定位来策划垂直领域的内容。在直播前可以先策划一个大纲出来，然后再围绕这个大纲来细化具体的直播过程，并准备好相关的道具、歌曲和剧本等。在直播过程中，还需要关注粉丝的动态。有人进来时，记得打招呼；有人提问时，记得回复一下。

3. 专业布景

直播的环境不仅要干净整洁，而且也需要符合自己的内容定位，给观众带来好的直观印象。例如，以卖货为主的直播环境中，可以在背景里挂一些商品样品，商品的摆设要整齐，房间的灯光要明亮，从而突出产品的品质，如图 7-21 所示。

图 7-21　直播布景示例

4. 聊天话题

主播可以制造热议话题来为自己的直播间快速积攒人气，“话痨好过哑巴”，但话题内容一定要健康、积极、向上，要符合法律法规和平台规则。当然，主播在与粉丝聊天互动时，还需要掌握一些聊天的技巧，如图 7-22 所示。

在直播过程中，不仅要用高质量的内容吸引观众，而且要随时引导这些进来的观众关注你的账号，成为你的粉丝。

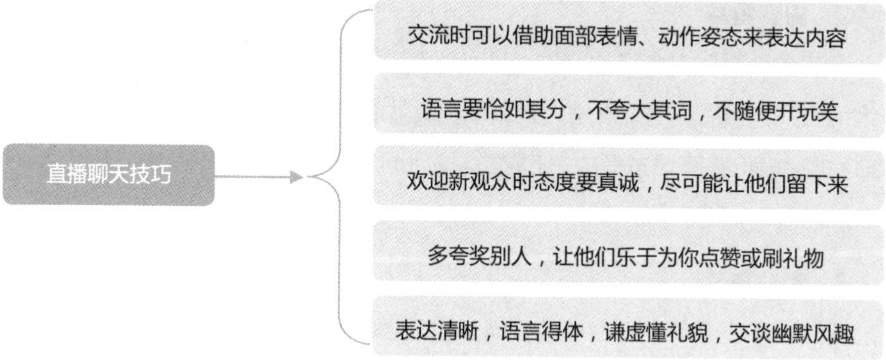

图 7-22　直播聊天技巧

5. 互动活动

如果你在直播时，观众都比较冷淡，此时也可以另外找一个人跟你互动，两个人一起来提升直播间的热闹氛围，不至于没有话题时会面临尴尬。另外，主播也可以选择一些老观众与他们互动，主动跟他们聊天，最大限度地提升粉丝黏性。

除了聊天外，主播还可以做一些互动活动，如带粉丝唱歌、教粉丝一些生活技巧、带粉丝一起打游戏、在户外做一些有益的活动，或者举行一些抽奖活动，等等，如图 7-23 所示。这些小的互动活动都可以提升粉丝的活跃度，同时还能吸引更多“路人”的关注。

图 7-23　游戏互动和户外互动活动

6. 准时开播

直播的时间最好能够固定，因为很多粉丝都是利用闲暇时间来看直播的，你的直播时间一定要跟他们的空闲时间对得上，这样他们才有时间看你的直播。因此，主播最好是要找到粉丝活跃度最大的时间段，然后每天定时定点直播。

7. 抱团吸粉

你可以多和一些内容定位相近的主播搞好关系，成为朋友，这样可以相互推广，互相照顾。当大家都有一定粉丝基础后，主播还可以带自己的粉丝去朋友的直播间相互“查房”，不仅可以活跃直播间氛围，而且能够很好地留住粉丝，进行互动。“查房”是直播平台中的一种常用引流手段，主要是依靠大主播的人气流量来带动不知名的小主播，形成一个良好的循环，促进粉丝消费。

8. 维护粉丝

当你通过直播积累一定的粉丝量后，一定要做好粉丝的沉淀，可以将他们导流到微信群、公众号等平台，更好地与粉丝进行交流沟通，表现出你对他们的重视。平时不直播的时候，也可以多给粉丝送送福利、发发红包或者优惠券等，最大化用户存留，挖掘粉丝经济，实现多次营销。

直播引流的技巧可以总结为“内容＋互动＋福利”，内容展现价值，互动增进感情，福利触发交易。

7.1.6 抖音直播的几个互动玩法

抖音没有采用秀场直播平台常用的“榜单 PK”等方式，而是以粉丝点赞作为排行依据，这样可以让普通用户的存在感更强。下面介绍抖音直播的几种互动方式。

（1）评论互动：用户可以点击“说点什么”来发布评论，此时主播要多关注这些评论内容，选择一些有趣的和实用的评论进行互动，如图 7-24 所示。

（2）礼物互动：礼物是直播平台最常用的互动形式，抖音的主播礼物名字都比较特别，不仅体现出浓浓的抖音文化，同时也非常符合当下年轻人的使用习惯以及网络流行文化，如“小心心”“不服来战”“太南了”等，如图 7-25 所示。

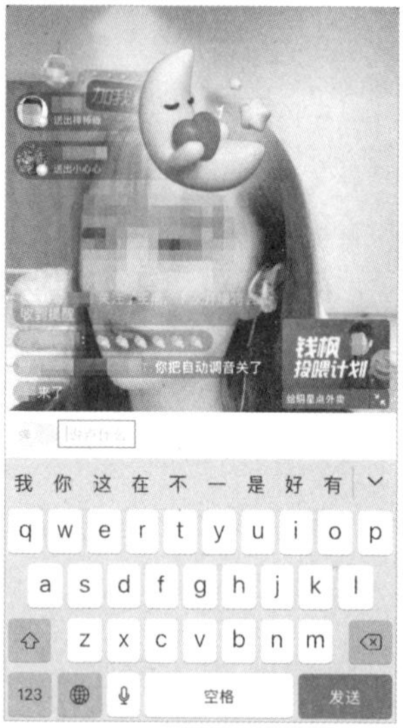

图 7-24　直播间的评论

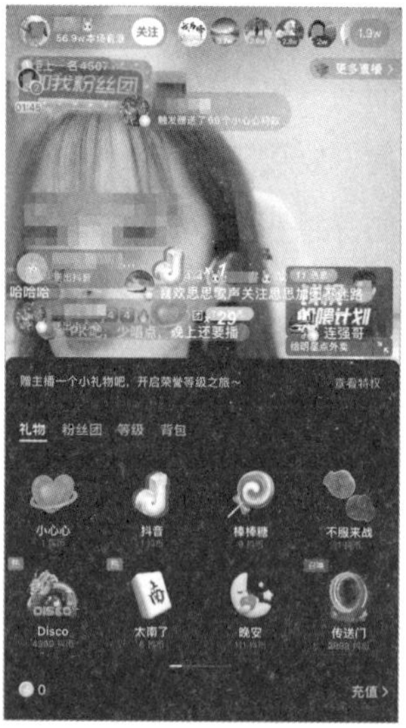

图 7-25　主播礼物

（3）点赞互动：用户可以点击直播间下方的图标，给喜欢的主播点赞，增加主播人气，如图 7-26 所示。主播的总计收入是以“音浪”的方式呈现的，粉丝给主播的打赏越多，获得的人气越高，收入自然也越高。

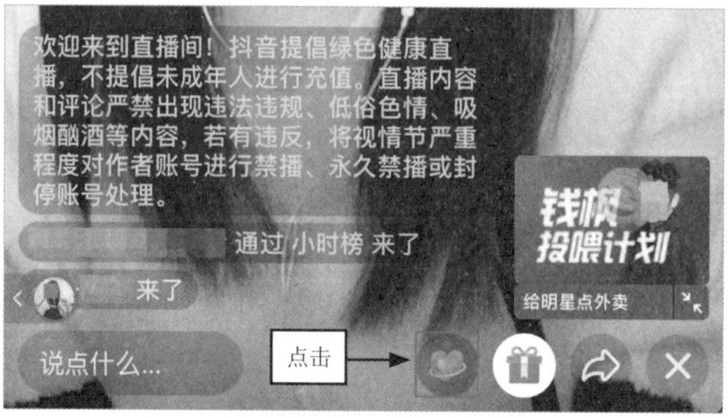

图 7-26　点赞互动

（4）建立粉丝团管理粉丝。抖音直播的主播一般都会有不同数量的粉丝团，这些粉丝可以在主播直播间享有一定特权，主播可以通过“粉丝团”与粉丝形成更强的黏性。

抖音用户只需点击主播头像右方的“关注”按钮，原来“关注”按钮所在的位置就变成了图标。抖音用户只需要点击该图标，便会弹出“××× 的粉丝团”对话框，如图 7-27 所示。如果抖音用户点击对话框中的“加入粉丝团 仅需抖币”

按钮，并进行支付，就可以加入该主播的粉丝团。

图 7-27　加入粉丝团

7.2 抖音直播变现的主要方式

对于大多数抖音运营者来说，之所以要进行抖音直播，就是因为通过直播能够有效地进行变现。具体来说，在抖音直播中主要有 3 种变现方式，下面将分别进行分析。

7.2.1 直播卖货

通过直播，主播可以获得一定的流量。如果抖商能够借用这些流量进行产品销售，让受众边看边买，就会直接将主播的粉丝变成店铺的潜在消费者。而且相比于传统的图文营销，这种直播导购的方式可以让用户更直观地把握产品，它取得的营销效果往往也要更好一些。

如图 7-28 所示为某购物直播的相关界面，受众在观看直播时只需点击下方的按钮，即可在弹出的菜单栏中看到直播销售的商品。

图 7-28　某购物直播的相关界面

如果受众想要购买某件商品，只需点击该商品后方的“去看看”按钮，便可进入该商品的抖音信息详情界面，如图 7-29 所示。

点击商品抖音信息详情界面中的“去购买”按钮，便可自动跳转至该商品的信息详情界面，如图 7-30 所示。

图 7-29　商品的抖音信息详情界面

图 7-30　淘宝商品信息详情界面

抖音用户如果点击商品的信息详情界面中的“立即购买”按钮，便可进入如图 7-31 所示的商品选购界面。

在商品选购界面选择商品的颜色、购买数量等信息，点击下方的“购买”按钮。操作完成后，便可进入如图 7-32 所示的“确认订单”界面。该界面中会对购买的相关信息进行展示。抖音用户确认无误后，只需点击“提交订单”按钮，并支付对应金额，便可完成下单。

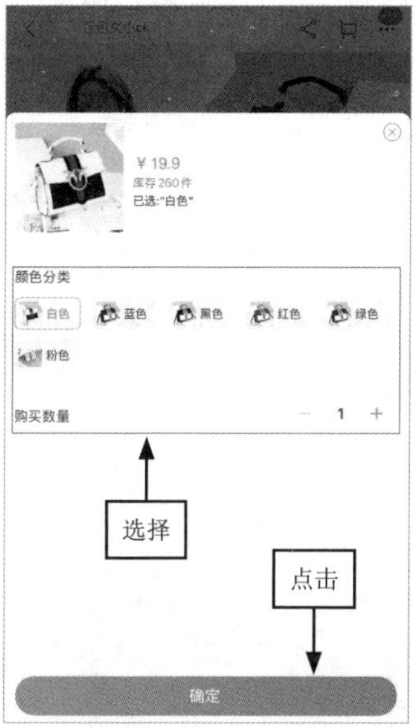

图 7-31　商品选购界面

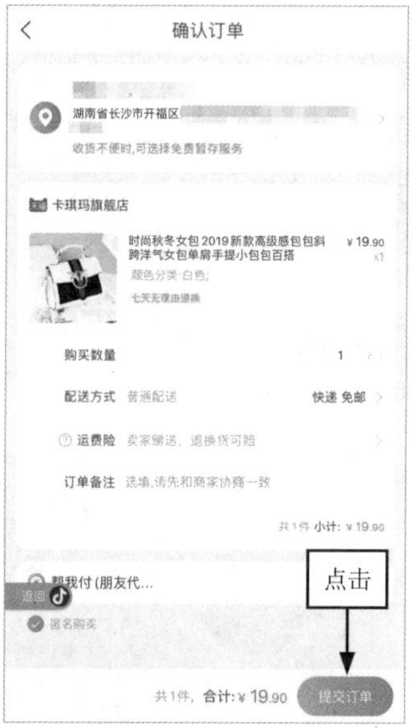

图 7-32　“确认订单”界面

在通过直播卖货进行变现时，需要特别注意两点。

其一，主播一定要懂得带动气氛，吸引用户驻足。这不仅可以刺激用户购买产品，还能通过庞大的在线观看数量，让更多用户主动进入直播间。

其二，要在直播中为用户提供便利的购买渠道。因为有时候用户购买产品只是一瞬间的想法，如果购买方式太麻烦，用户可能会放弃购买。而且在直播中提供购买渠道，也有利于主播为用户及时答疑，增加产品的成交率。

7.2.2　直播打赏

对于那些有直播技能的主播来说，最主要的变现方式就是通过直播来赚钱了。粉丝在观看主播直播的过程中，可以在直播平台上充值购买各种虚拟的礼物，在主播的引导或自愿情况下打赏给主播。而主播则可以从中获得一定比例的提成收入。

这种变现方式要求人物 IP 具备一定的语言和表演才能，要有一定的特点或人格魅力，能够将粉丝牢牢地“锁在”你的直播间，而且还能够让他们主动为你花费钱财购买虚拟礼物。

直播在许多人看来就是在玩，毕竟，大多数直播都只是一种娱乐。但是，不可否认的一点是，只要玩得好，玩着就能把钱给赚了。因为主播可以通过直播，获得粉丝的打赏，而打赏的这些礼物又可以直接兑换成钱。

当然，要通过粉丝送礼，玩着就把钱赚了，首先需要主播拥有一定的人气。这就要求主播自身要拥有某些过人之处，只有这样，才能快速积累粉丝数量。

其次，在直播的过程中，还需要一些所谓的“水军”进行帮衬。如图 7-33 所示为粉丝给主播送礼物的相关界面，可以看到在画面中，粉丝都是扎堆送礼物的。之所以会出现这种情况，“水军”可以说是功不可没的。

图 7-33　粉丝给主播送礼物的相关界面

这主要是因为很多时候，人都有从众心理，所以，如果有“水军”带头给主播送礼物时，其他人也会跟着送，这就在直播间形成了一种氛围，让看直播的其他受众在压力之下，因为觉得不好意思，或是觉得不能白看，也跟着送礼物。

7.2.3 粉丝运营

有一部分人开直播并不是为了直接卖货或者获得粉丝的打赏。那么，他们为什么还要花费时间和精力来进行直播呢？这主要是因为抖音直播除了卖货和获得打赏之外，还是进行粉丝运营的一种有效渠道。

通过抖音直播，账号运营者不仅可以拉近与粉丝之间的距离，还可以将线上的粉丝引导至线下，或者吸引抖音用户通过私聊进行合作。

如图 7-34 所示的两条视频中，明明是在展示服装，但却没有出现图标，也就是说这两个直播中并没有直接销售商品。那么，如果抖音用户要买直播中的服装该怎么办呢？其中一种比较有效的方法就是和账号运营者进行私聊。

图 7-34 没有图标的直播

7.3 使用直播分享商品功能卖货

要想让直播卖货获得更好的效果，必须得用好直播商品分享功能。那么，怎么用好直播商品分享功能呢？下面就来进行解读。

7.3.1 开播前进行选品管理

在开播前，抖音账号运营者可以对直播中需要出售的商品进行选择。具体来说，抖音账号运营者可以点击直播设置界面中的“商品”按钮，进入如图 7-35 所示的“选择直播商品”界面，勾选需要在直播中销售的商品。

选择完成后，还可以点击界面下方的“点击查看已选商品”按钮，进入如图 7-36 所示的“已选商品”界面，查看选择的商品。

图 7-35 “选择直播商品”界面

图 7-36 “已选商品”界面

7.3.2 增删商品和调整顺序

选择直播销售的商品之后，还可进行增删和顺序调整。增删和调整直播商品的顺序，既可在直播前的“选择直播商品”和“已选商品”进行，也可在直播间直接进行调整。下面就以在直播间直接进行调整为例，进行说明。

直播开始后，点击直播间下方的按钮，如图 7-37 所示。操作完成后，弹出如图 7-38 所示的“直播商品”对话框，点击界面中的“管理”按钮。

操作完成后，“直播商品”对话框中将出现“添加”按钮，如图 7-39 所示。如果抖音主播或账号运营者需要增加商品，可以点击该按钮。

点击“添加”按钮后，便可进入如图 7-40 所示的“选择直播商品”界面。

在该界面中勾选需要增加的商品，选择完成后，点击下方的“确认添加”按钮。

图 7-37 点击按钮

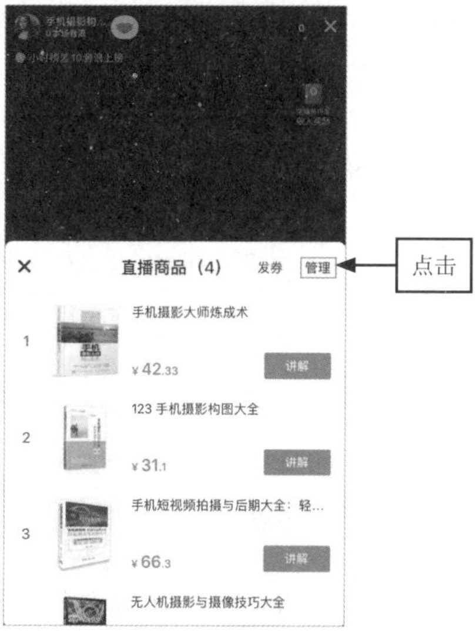

图 7-38 点击“管理”按钮

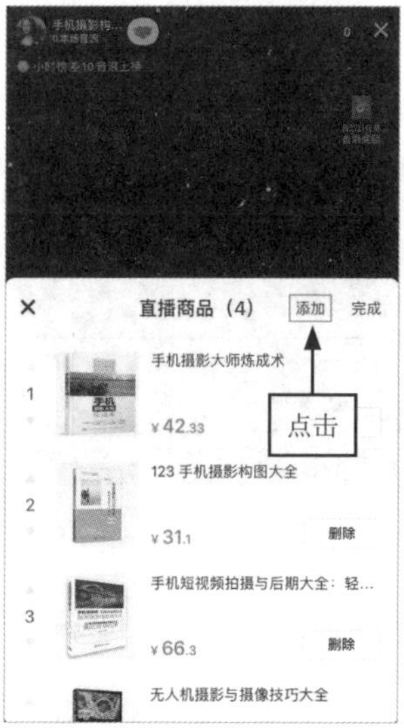

图 7-39 点击“添加”按钮

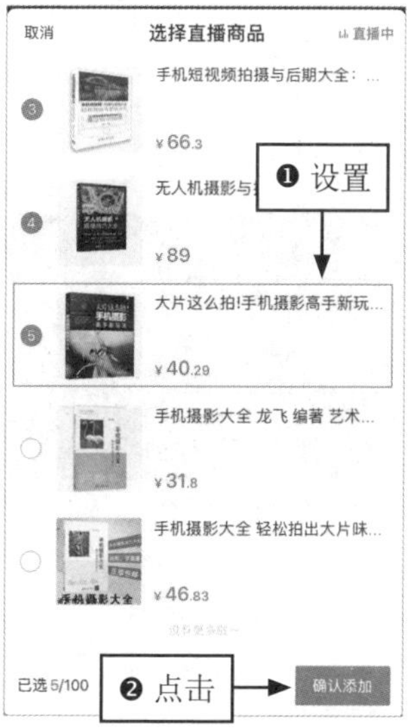

图 7-40 点击“确认添加”按钮

操作完成后，返回“直播商品”对话框。如果对话框中的商品数量出现对应的增加，就说明商品增加成功了，如图 7-41 所示。

相比于增加商品，删减商品操作起来要更简单一些。在每种商品后方都有一个“删除”按钮，如果主播或账号运营者要删除某个商品，只需点击该商品后方的“删除”按钮即可，如图 7-42 所示。

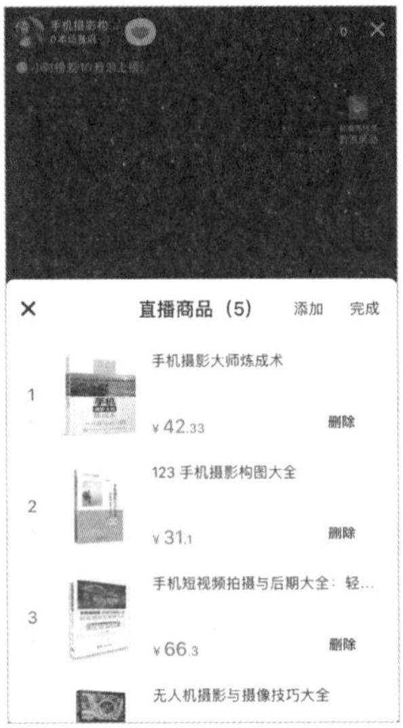

图 7-41　商品增加成功

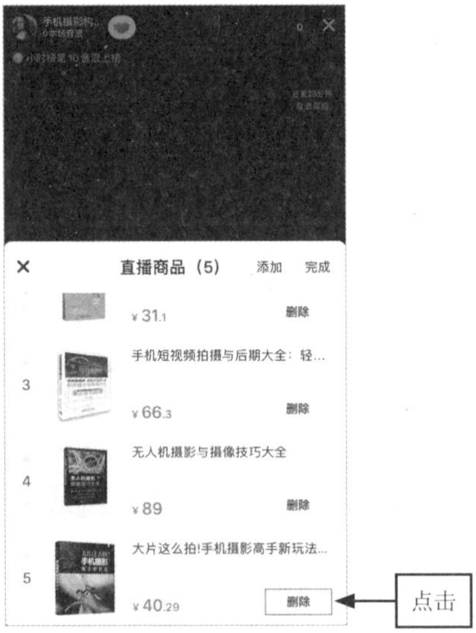

图 7-42　点击“删除”按钮

在“直播商品”对话框中还可调整商品的顺序。在如图 7-43 所示的“直播商品”对话框中，点击第 1 个商品左侧的下调图标，第 1 个商品和第 2 个商品的位置便会发生互换，如图 7-44 所示。

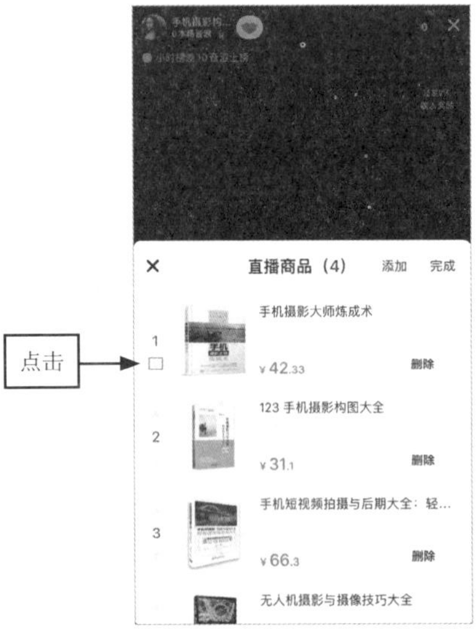

图 7-43　点击第 1 个商品左侧的下调按钮

图 7-44　第 1 和第 2 个商品位置互换

7.3.3 商品讲解可弹出商品卡

在抖音直播中有一个商品讲解功能，主播或账号运营者可以运用该功能让抖音用户快速明白你是在讲解哪件商品。

商品讲解功能的使用非常简单，主播或账号运营者可以点击直播间下方的按钮，并在弹出的“直播商品”对话框中，点击将要讲解的商品后方的“讲解”按钮，如图 7–45 所示。

图 7–45　点击“讲解”按钮

操作完成后，讲解的商品封面下方会显示“讲解中”这 3 个字，如图 7–46 所示。可以看到，如图 7–47 所示的直播中，便运用了讲解功能

运用讲解功能，正在讲解的商品除了会在“直播商品”界面中显示“讲解中”之外，还会时不时地在直播过程中弹出商品卡，如图 7–48 所示。看到该卡片之后，抖音用户只需点击卡片便可通过商品链接直接购买商品。这无疑可以为抖音用户购买商品提供便利，从一定程度上提高商品的转化率。

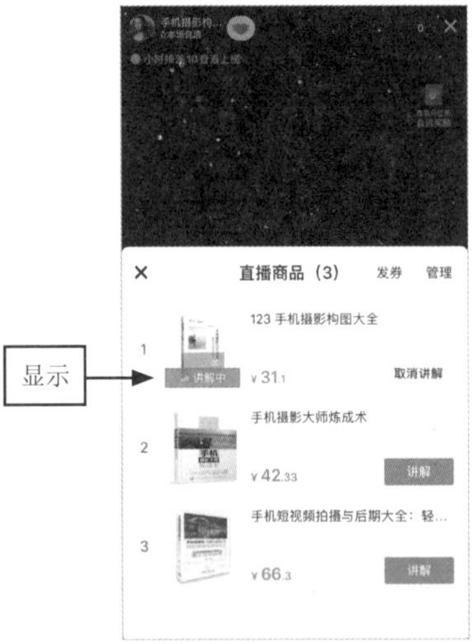

图 7-46　显示“讲解中”

图 7-47　运用讲解功能的直播

图 7-48　在直播过程中弹出商品卡

7.3.4　商品购物袋显示来源标签

商品购物袋，即会显示商品的来源标签。当抖音用户在直播间点击按钮时，会弹出“直播商品”对话框。在“直播商品”对话框中会显示每个商品的购买链接在哪个平台。如图 7-49 所示的两个直播中，可以看到有的商品来自抖音小店，有的商品来自淘宝。

这个功能有什么作用呢？可以从两个方面来看。一方面，如果商品来自抖音小店，那么，抖音用户在抖音平台内即可完成商品下单，而无须跳转至淘宝等其他平台，这无疑可以让购买变得更加快速和便捷。

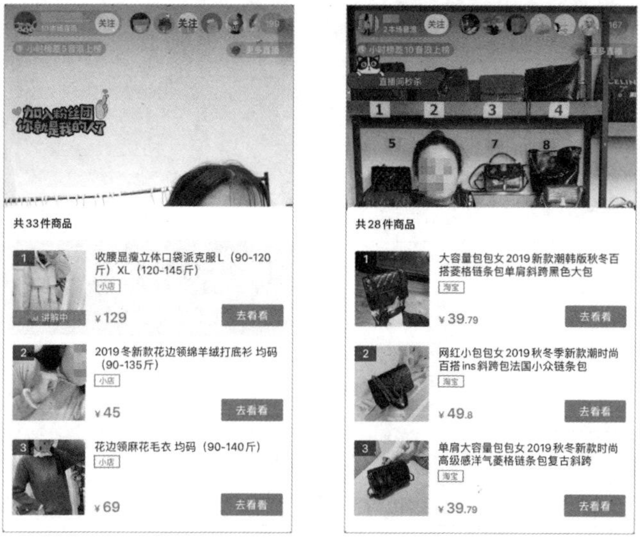

图 7-49　“直播商品”对话框显示商品来源

另一方面，如果商品来自淘宝等其他平台，那么，当抖音用户在这些平台拥有会员资格时，则可以享受相关的权益，让商品购买变得更加划算。

因此，无论商品是来自抖音小店，还是来自淘宝等其他平台，都能满足部分抖音用户某个方面的购买需求。而这样一来，直播中商品的转化率也将从一定程度上得到提高。

第 8 章

商品橱窗：抖音购物车高效转化流量

商品橱窗是抖音电商运营必须要重点把握的一个重要功能。无论是短视频中的商品，还是直播中的商品，都需要从商品橱窗中添加。

同时，商品橱窗也是购物车功能的重要组成部分。通过商品橱窗、视频购物车和直播购物车的运营，抖音账号运营者可以实现流量的高效转化，大幅提高账号的变现能力。

8.1 月入百万：抖音购物车的变现玩法

抖音购物车是抖音中的一个重要功能，抖音电商运营者只要用好了抖音购物车功能，月入百万可能都不是梦。

8.1.1 什么是抖音购物车

抖音购物车主要包括 3 个部分，即商品橱窗、视频购物车和直播购物车。抖音账号运营者开工商品橱窗功能之后，便可以在抖音视频和直播中插入商品链接。如果在短视频中插入商品链接，视频中将会出现图标，这就是视频购物车；如果在直播中添加商品，直播间将会出现图标，这就是直播购物车。具体如图 8-1 所示。

图 8-1　抖音视频和直播中的购物车

8.1.2 抖音购物车带来哪些机会

抖音购物车功能无论是对于拥有网店的商家，还是没有网店的普通账号运营者，都带来了机会。为什么这么说呢？下面就来分别进行分析。

1. 商家多了一条销售渠道

利用抖音购物车功能，商家可以将自家店铺中的商品链接插入视频、直播中，或者将商品添加到商品橱窗中。抖音用户只需点击产品链接便可以直达商品详情界面，甚至直接购买商品，这无疑便是开拓了一条新的销售渠道。

2. 人人都能在抖音中变现

大多数电商平台需要开设店铺才能销售产品，实现变现，而抖音则不同。即便抖音账号运营者没有自己的店铺，也能通过添加他人店铺中的商品，在商品销售后，获得一定的佣金。因此，在抖音中，只要有想法，人人都能进行变现。

8.1.3 抖音平台禁止分享的商品类目

抖音禁止分享和销售的商品主要可以分为 13 个类目，具体内容如图 8-2 ~ 图 8-14 所示。

（一）仿真枪、军警用品、危险武器类

❶ 枪支、弹药、军火及仿制品
❷ 可致使他人暂时失去反抗能力，对他人身体造成重大伤害的管制器具
❸ 枪支、弹药、军火的相关器材、配件、附属产品，及仿制品的衍生工艺品等
❹ 安防、警用、军用制服、标志、设备及制品
❺ 管制类刀具、弓弩配件及飞镖等可能用于危害他人人身安全的管制器具

图 8-2 仿真枪、军警用品、危险武器类

（二）易燃易爆、有毒化学品、毒品类

❶ 易燃、易爆物品，如火药等
❷ 毒品、制毒原料、制毒化学品及致瘾性药物
❸ 国家禁止生产、经营、使用的危险化学品
❹ 毒品吸食工具及配件
❺ 介绍制作易燃易爆品方法的相关教程、书籍
❻ 农业部发布的禁用限用类农药
❼ 烟花爆竹和烟花爆竹燃放装置

图 8-3 易燃易爆、有毒化学品、毒品类

（三）反动等破坏性信息类

❶ 含有反动、破坏国家统一、破坏主权及领土完整、破坏社会稳定，涉及国家机密、扰乱社会秩序，宣扬邪教迷信，宣扬宗教、种族歧视等信息，或法律法规禁止出版发行及销售的书籍、音像制品、视频、文件资料等

❷ 偷电设备、蹭网卡、蹭网器、拨号器、破网、翻墙软件及 vpn 代理服务等

❸ 存在扣费项目不明确、恶意扣费、暗设扣费程序等任何损害用户权益的情况，或含有盗号、窃取密码等恶意程序的产品

❹ 不适宜在国内出版发行、销售的涉政书刊及收藏性的涉密书籍、音像制品、视频、文件资料等

❺ 国家禁止的集邮票品以及未经邮政行业管理部门批准制作的集邮品，以及一九四九年之后发行的包含“中华民国”字样的邮品

❻ 带有宗教、种族歧视的相关商品或信息

❼ 反动等含有破坏性信息的产品和服务，如不适宜在国内发行的涉政书刊及收藏性的涉密书籍、音像制品，诈骗网站

图 8-4　反动等破坏性信息类

（四）色情低俗、催情用品类

❶ 含有色情淫秽内容的音像制品及视频、色情陪聊服务、成人网站论坛的账号/邀请码或其他淫秽物品

❷ 可致使他人暂时失去反抗能力、意识模糊的口服或外用的催情类商品及人造处女膜等

❸ 用于传播色情信息的软件、种子文件、网盘资源及图片，含有情色、暴力、低俗内容的音像制品，原味内衣及相关产品，含有未成年人色情内容的图片、写真视频等

❹ 含有情色、暴力、低俗内容的动漫、读物、游戏和图片等

❺ 网络低俗产物

图 8-5　色情低俗、催情用品类

（五）涉及人身安全、隐私类

❶ 用于监听、窃取隐私、泄露个人私密资料、手机监听器或机密的软件及设备等

❷ 用于非法摄像、录音、取证等用途的设备等

❸ 身份证、护照、社会保障卡等依法可用于身份证明的证件等

❹ 盗取或破解账号密码的软件、工具、教程及产物等

❺ 个人隐私信息及企业内部数据，提供个人手机定位、电话清单查询、银行账户查询等服务

❻ 汽车安全带扣等具有交通安全隐患的汽车配件类商品等

❼ 已报废、达到国家强制报废标准、非法拼装或非法所得等国家法律法规明令禁止经营的车辆及其“五大总成”等

❽ 载人航空器、航空配件、模型图纸类商品

图 8-6　涉及隐私、人身安全类

（六）药品、医疗器械、保健品类

❶ 一、二、三类医疗器械

❷ OTC 药品及处方药

❸ 保健品

❹ 医疗服务

❺ 所有用于预防、治疗人体疾病的国产药品；所有用于预防、治疗人体疾病的外国药品

❻ 未经药品监督管理部门批准生产、进口或未经检验即销售的医疗器械；其他用于预防、治疗、诊断人体疾病的医疗器械

❼ 依据《中华人民共和国药品管理法》认定的假药、劣药

❽ 兽药药监部门专项行政许可的兽药处方药和非处方药目录药品；国家公示查处的兽药；兽药监督管理部门禁止生产、使用的兽药

图 8-7　药品、医疗器械、保健品类

（七）非法服务、票证类

❶ 伪造变造国家机关或特定机构颁发的文件、证书、公章、防伪标签等，非法或仅限国家机关或特定机构方可提供的服务

❷ 抽奖类商品

❸ 尚可使用或用于报销的票据（及服务），尚可使用的外贸单证以及代理报关、清单、商检、单证手续的服务

❹ 未公开发行的国家级正式考试答案，考试替考服务

❺ 代写论文等相关服务

❻ 对消费者进行欺骗性销售诱导、排除或限制消费者合法权益的服务

❼ 汽车类违规代办服务

❽ 网站备案、亲子鉴定、胎儿鉴定等服务

❾ 票、基金、保险、股票、贷款、投资理财、证券等服务

❿ 法律咨询、心理咨询、金融咨询、医疗及健康相关服务

⓫ 规避合法出入境流程的商品及服务

⓬ 违反公序良俗、封建迷信类的商品及服务

⓭ 实际入住人无需经过酒店实名登记便可入住的酒店类商品或服务

⓮ 未取得跟团游、出境游、签证等业务相关经营资质的商品及服务

图 8-8　非法服务、票证类

（八）动植物、动植物器官及动物捕杀工具类

❶ 人体器官、遗体

❷ 国家保护野生动植物

❸ 严重危害人畜安全的动物捕杀设备或配件以及其他动物捕杀工具

❹ 猫狗肉、猫狗皮毛、鱼翅、熊胆及其制品，其他有违公益或对当地生态系统可能造成重大破坏的生物物种及其制品

❺ 人类遗传资源材料话清单查询、银行账户查询等服务

❻ 宠物活体

- 补充说明:
  - 野生动物：包括国家立法保护的、有益的或者有重要经济、科学研究价值的陆生野生动物、世界 \ 国家保护类动物和濒危动物的活体、内脏、任何肢体、皮毛、标本或其他制成品（比如象牙和玳瑁类制品），已灭绝动物与现有国家二级以上保护动物的化石。
  - 野生植物：被列入世界 \ 国家保护类植物清单的、法律禁止不得销售的植物，或植物产品；国家保护类植物活体（树苗除外）。

图 8-9　动植物、动植物器官及动物捕杀工具类

（九）涉及盗取等非法所得及非法用途软件、工具或设备类

❶ 走私、盗窃、抢劫等非法所得

❷ 赌博用具、考试作弊工具、汽车跑表器材等非法用途工具

❸ 卫星信号收发装置及软件，用于无线电信号屏蔽的仪器或设备

❹ 撬锁工具、开锁服务及其相关教程、书籍等

❺ 一卡多号，有蹭网功能的无线网卡以及描述信息中有告知会员能用于蹭网的设备等

❻ 涉嫌欺诈等非法用途的软件、工具及服务

❼ 可能用于逃避交通管理的商品

❽ 利用电话线路上的直流馈电发光的灯

❾ 群发设备、软件及服务

❿ 外挂软件、作弊软件等不正当竞争工具或软件

⓫ 秒杀器以及用于提高秒杀成功概率的相关软件或服务

⓬ 涉嫌侵犯其他公司或个人利益的手机破解类商品或服务

⓭ 妨害交通安全秩序的产品

图 8-10　涉及盗取等非法所得及非法用途软件、工具或设备类

（十）未经允许、违反国家行政法规或不适合交易的商品

❶ 伪造变造的货币以及印制设备

❷ 正在流通的人民币及仿制人民币（第四、五套人民币）

❸ 涉嫌违反《中华人民共和国文物保护法》相关规定的文物

❹ 烟草专卖品及烟草专用机械

❺ 依法应当经行政部门批准或备案后销售商品，未经相关行政部门批准或备案

❻ 未取得营业执照或电信网络代理资质销售运营商通讯类产品

❼ 已激活的手机卡、上网卡等违反国家实名制规定的商品

❽ 未经许可发布的奥林匹克运动会、世界博览会、亚洲运动会等特许商品

❾ 国家机关制服及相关配件类商品

❿ 未经授权的国家领导人相关的信息或商品

⓫ 军需、国家机关专供、特供等商品

⓬ 国家补助或无偿发放的不得私自转让的商品

⓭ 大量流通中的外币及外币兑换服务

⓮ POS 机（包括 MPOS）、刷卡器等受理终端

⓯ 邮局包裹、EMS 专递、快递等物流单据凭证及单号

⓰ 内部资料性出版物

⓱ 境外出版物代购类商品或服务

⓲ 非法传销类商品

⓳ 国家明令淘汰或停止销售的书籍类商品

⓴ 其他法律法规等规定向文件中禁止销售的商品

- 补充说明:
  - 香烟、烟盒、烟标等，包括电子香烟和戒烟产品。
  - 烟草替代品及辅助工具、无烟烟草制品（如电子烟、IQOS、鼻烟）。* 烟草企业宣传。
  - 烟草企业宣传。
  - 食用盐。

图 8-11　未经允许、违反国家行政法规或不适合交易的商品

（十一）虚拟类

❶ 比特币、莱特币、高利贷、私人贷款、贷款推广等互联网虚拟币以及相关商品

❷ 网络游戏、游戏点卡、货币等相关服务类商品

❸ 外挂、私服相关的网游类商品

❹ 游戏点卡或平台卡商品

❺ 网络账户死保账号或存在交易风险的腾讯 QQ 账号、Itunes 账号、百度账号以及视频类网站账号等账号类商品

❻ 炒作博客人气、炒作网站人气、代投票类商品或信息

❼ 航空公司的积分和里程，航空公司积分 / 里程兑换的机票；各航司下发文件规定的不合格产品

❽ 酒店类商品或服务、跟团游、出境游、签证等业务的商品及服务

❾ 未经平台许可的用于兑换商品实物或服务的定额卡券、储值卡券、储值服务或将购买款项分期返还的交易

❿ 官方已停止经营的游戏点卡或平台卡商品

⓫ 以支付、社交、媒体为主要功能的互联网用户账号类商品

⓬ 第三方支付平台代付、信用卡代刷类服务及其他违反《关于代办妨害信用卡管理刑事案件具体应用法律若干问题的解释》相关规定的商品或服务

⓭ 不可查询的分期返还话费类商品

⓮ 时间不可查询的以及被称为漏洞卡、集团卡、内部卡、测试卡的上网资费卡或资费套餐及 SIM 卡

⓯ 慢充卡等实际无法在七十二小时内到账的虚拟商品

⓰ SP 业务自消费类商品

⓱ 时间不可查询的虚拟服务类商品

⓲ 手机直拨卡与直拨业务，电话回拨卡与回拨业务

图 8-12　虚拟类

（十二）舆情重点监控类

❶ 近期媒体曝光的商品

❷ 由不具备生产资质的生产商生产的，或不符合国家、地方、行业、企业强制性标准，或不符合抖音平台规则规定的商品，经权威质检部门或生产商认定、公布召回的商品，国家明令淘汰或停止销售的商品，过期、失效、变质的商品，以及含有罂粟籽的食品、调味品、护肤品等制成品

❸ 经权威质检部门或生产商认定、公布或召回的商品，国家明令淘汰或停止销售的商品，过期、失效、变质的商品，以及含有罂粟籽的食品、调味品、护肤品等制成品

❹ 存在制假风险的品牌配件类商品

❺ 商品本身或外包装上所注明的产品标准、认证标志、生产商信息、材质成份及含量等不符合国家规定的商品

❻ 公益资助贫困儿童 / 领养动物 / 保护野生动物（无法核实真实性）

❼ 违禁工艺品、收藏类品

❽ 食药监局明令禁止的商品

❾ 车载音乐 U 盘

图 8-13　舆情重点监控类

（十三）不符合平台风格的商品

❶ 分销、招代理、招商加盟、店铺买卖

❷ 国内 / 海外投资房产、炒房

❸ 高仿类

❹ 殡葬用品、用具、存放、投资等

❺ 二手类：二手汽车、二手手机、二手 3C 数码产品等

❻ 卫生巾、内衣、丝袜、灭鼠器

❼ 白酒

❽ 其他与抖音平台风格不符合的商品

- 补充说明：

  高仿类：
  - 外观侵权、商标侵权及假冒伪劣产品。
  - 疑似假货 & 假货类。
  - 如耐克、阿迪、gucci、coach 等知名品牌；手表、箱包等奢侈品品类等。

图 8-14　不符合平台风格的商品

抖音官方平台对禁止分享和销售的商品类别已经进行了公示。同时，为了更好地规范抖音电商，避免抖音电商运营者分享、销售禁售类目中的商品，抖音针对违规行为给出了对应的处罚，如图 8-15 所示为具体违规处理。

- 违规行为：人工排查时发现禁售商品 1 次
- 处罚：关闭该内容的购物车功能

- 违规行为：排查到的涉嫌发布前述商品且情节严重的（包含橱窗内禁售商品达 50%（含）以上或 2 次管理购物车功能后依然存在禁售商品售卖的商品）
- 处罚：永久关闭该账号橱窗分享功能

- 违规行为：重复发布违规商品或信息或通过任何方式规避各类管理措施的商品
- 处罚：永久关闭该账号橱窗分享功能

图 8-15　违规处理

8.1.4　了解抖音购物车达人主页规范

《抖音购物车达人主页规范》中对购物车达人主页的相关要求进行了说明，如果抖音账号要想用好购物车功能，就需要了解该规范的相关内容。那么，怎样查看该规范的内容呢？抖音账号运营者可以通过如下操作，找到该规范的具体内容。

步骤 01 登录抖音短视频 App，点击个人主页中的“商品橱窗”按钮，如图 8-16 所示。

步骤 02 进入“商品橱窗”界面，点击界面中的“小店学院”按钮，如图 8-17 所示。

图 8-16 点击“商品橱窗”按钮

图 8-17 “商品橱窗”界面

步骤 03 操作完成后，进入“小店学院”界面，点击界面中的“更多”按钮，如图 8-18 所示。

步骤 04 进入“小店学院”的“基础入门”版块，从中选择“抖音购物车达人主页规范”的相关帖子，如图 8-19 所示。

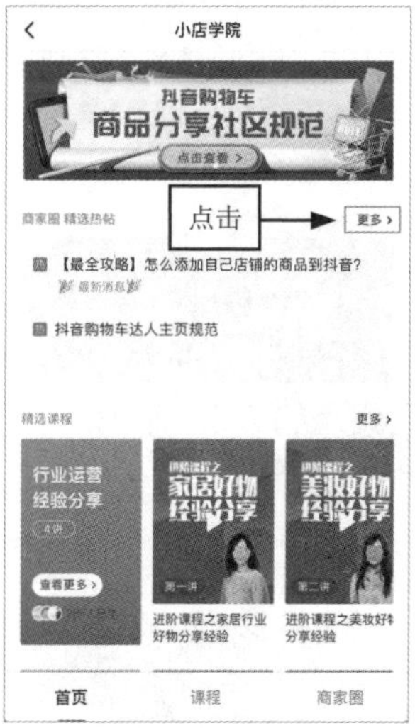

图 8-18 点击“更多”按钮

图 8-19 选择对应的帖子

步骤 05 操作完成后，即可进入“抖音购物车达人主页规范”的帖子正文，查看该规范的相关内容，如图 8-20 所示。

图 8-20　《抖音购物车达人主页规范》的相关内容

8.1.5　抖音达人发布商品分享注意事项

除了《购物车达人主页规范》之外，抖音账号运营者还需要了解《抖音达人发布商品分享注意事项》。抖音账号运营者只需在如图 8-19 所示的"基础入门"版块中选择"购物车达人主页规范"，即可进入如图 8-20 所示的界面，查看《抖音达人发布商品分享注意事项》的相关内容。

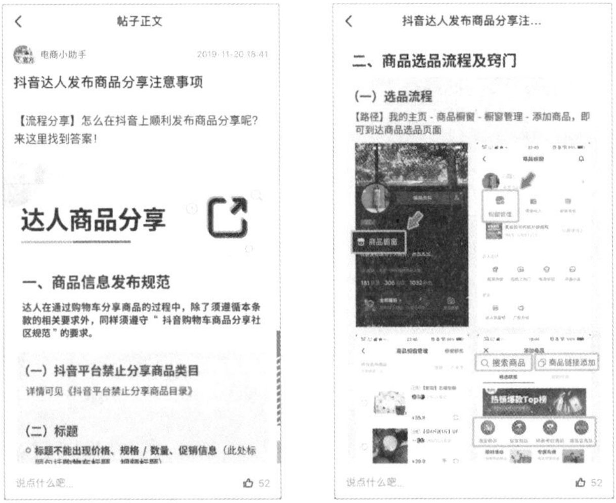

图 8-21　《抖音达人发布商品分享注意事项》的相关内容

8.2 开通使用：购物车权限的获取和管理

购物车是抖音平台的一个重要功能，无论是抖音短视频，还是抖音直播，都可以用到购物车功能。那么，抖音购物车功能要如何开通和使用呢？这一节将具体进行分析。

8.2.1 开通“购物车”功能

要想开通“购物车”功能，首先得开通商品分享功能。那么如何在抖音平台开通商品分享功能呢？具体操作步骤如下。

步骤 01 登录抖音短视频 App，在 ❶ 处点击按钮；在弹出的选项栏中，在 ❷ 处选择“创作者服务中心”选项，如图 8-22 所示。

步骤 02 操作完成后，进入如图 8-23 所示的创作者服务中心界面，选择界面中的“商品分享功能”选项。

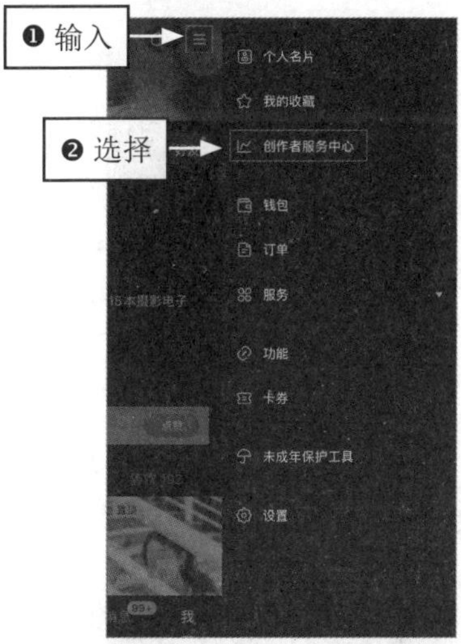

图 8-22 选择“创作者服务中心”选项

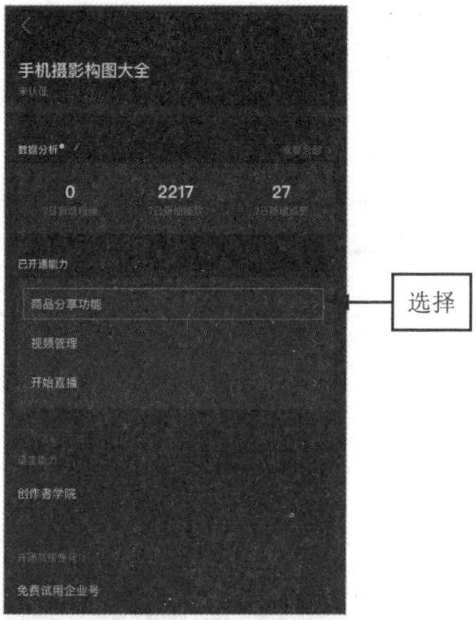

图 8-23 选择“商品分享功能”选择

步骤 03 进入“商品分享功能”界面，点击界面中的“认证”按钮，如图 8-24 所示。

步骤 04 操作完成后，进入如图 8-25 所示的“实名认证”界面，在界面中 ❶ 处输入姓名和身份证号；❷ 处点击“开始认证”按钮。

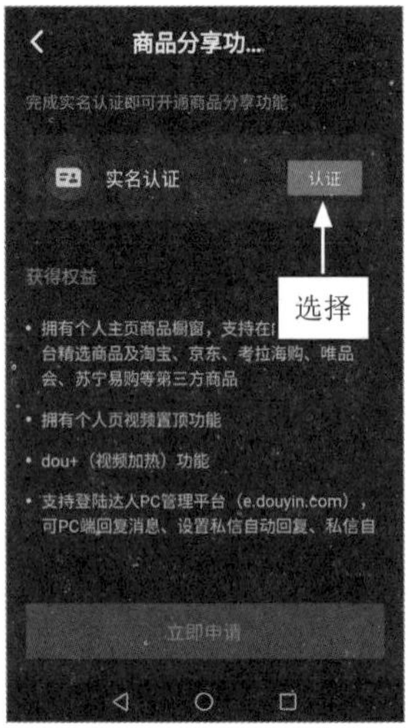

图 8-24 “商品分享功能”界面

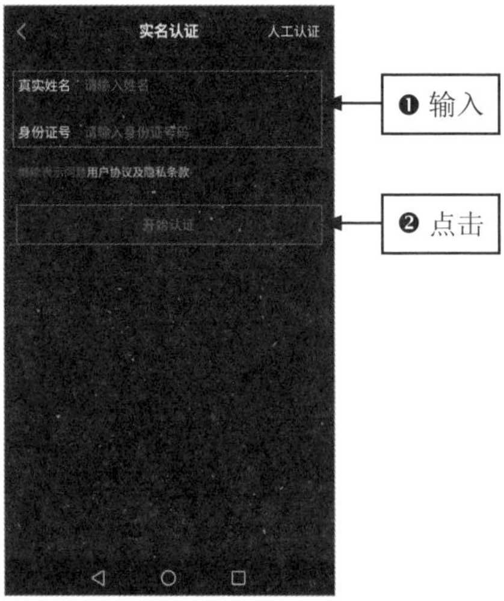

图 8-25 “实名认证”界面

步骤 05 操作完成后，进入如图 8-26 所示的资料填写界面。在该界面中 ❶ 处填写手机号、微信号和所卖商品类目等信息；在 ❷ 处点击“提交”按钮。

步骤 06 操作完成后，如果接下来页面中显示“审核中”就说明商品分享功能申请成功提交了，如图 8-27 所示。

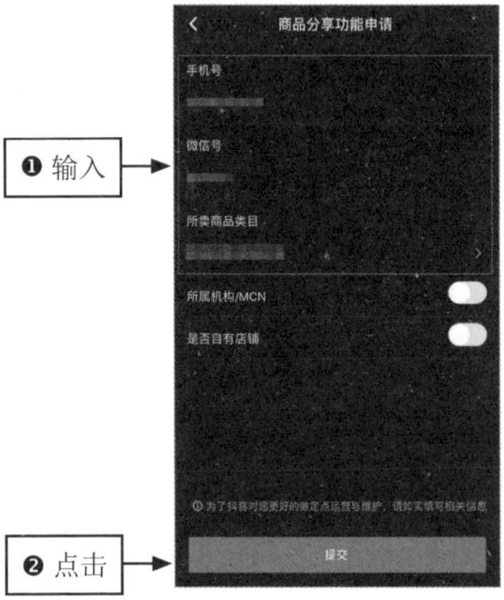

图 8-26 点击“立即开通”按钮

图 8-27 点击“立即申请”按钮

步骤 07 申请提交之后，抖音平台会对申请进行审核，如果审核通过了，便可开通商品分享功能。开通商品分享功能之后，抖音账号便可获得属于自己的商品橱窗，如图 8-28 所示。

图 8-28　获得商品橱窗

另外，开通商品分享功能之后，抖音账号运营者还可以直接使用购物车功能。例如，拍摄完一条视频之后，视频“发布”界面中会出现一个“添加商品”选项，如图 8-29 所示。

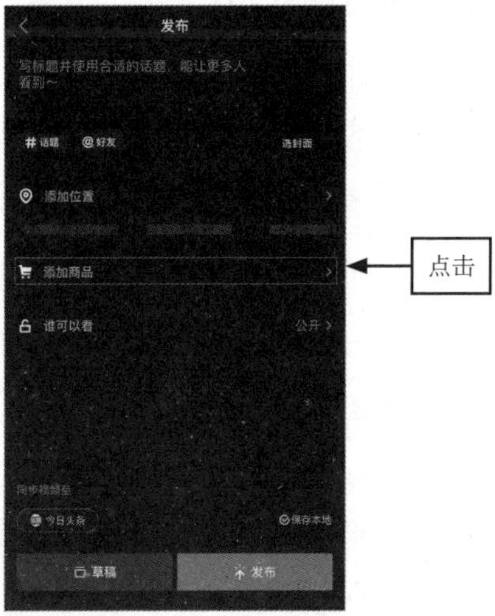

图 8-29　“发布”界面

抖音账号运营者点击“添加商品”按钮，便可进入如图 8-30 所示的“添加商品”界面。点击对应商品后方的“添加”按钮，便可将商品链接添加至视频中。

添加完成后，返回“发布”界面。此时，原来“添加商品”的位置会显示图标和商品名称，如图 8-31 所示。抖音账号运营者只需点击界面中的“发布”按钮，便可以发布一条带有购物车的短视频。

图 8-30 “添加商品”界面

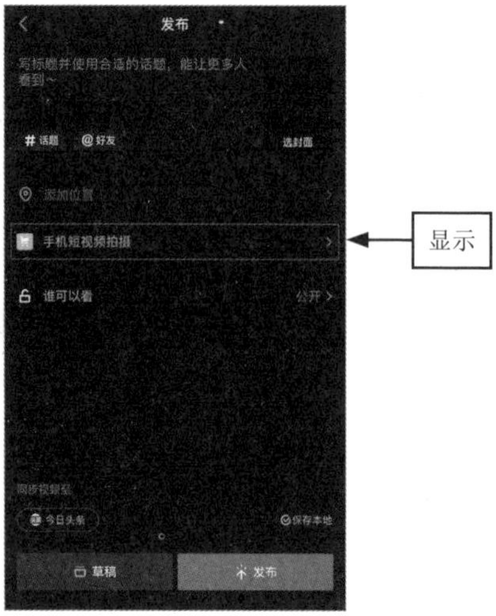

图 8-31 显示图标和商品名称

8.2.2 抖音商品橱窗管理的技巧

商品分享功能和电商功能开通之后，抖音账号运营者便可以开始对商品橱窗的商品进行调整了。通常来说，商品橱窗的商品调整主要可以分为 3 个部分，即添加商品、删除商品和商品分类。接下来就分别进行说明。

1. 添加商品

商品只有添加到商品橱窗之后，才能插入视频和直播中。那么，如何在商品橱窗中添加商品呢？具体操作如下。

步骤 01 登录抖音短视频 App，点击个人主页中的“商品橱窗”按钮，进入“商品橱窗”界面，点击界面中的“橱窗管理”按钮，如图 8-32 所示。

步骤 02 进入“商品橱窗管理”界面，点击左下方的“添加商品”按钮，如图 8-33 所示。

图 8-32　点击“橱窗管理”按钮

图 8-33　点击“添加商品”按钮

步骤 03　进入“添加商品”界面，在该界面中抖音账号运营者可以通过搜索或添加商品链接的方式，添加商品，如图 8-34 所示。下面就以搜索商品为例进行说明。

步骤 04　在搜索栏中输入商品名称（如《手机摄影从入门到精通》），点击对应商品后方的“加橱窗”按钮，如图 8-35 所示。

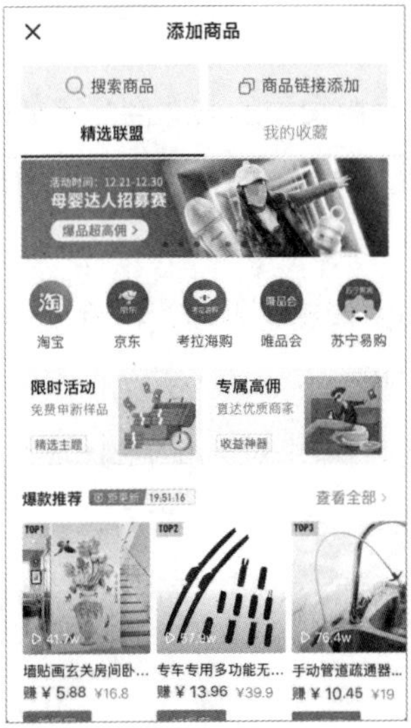

图 8-34　“添加商品”界面

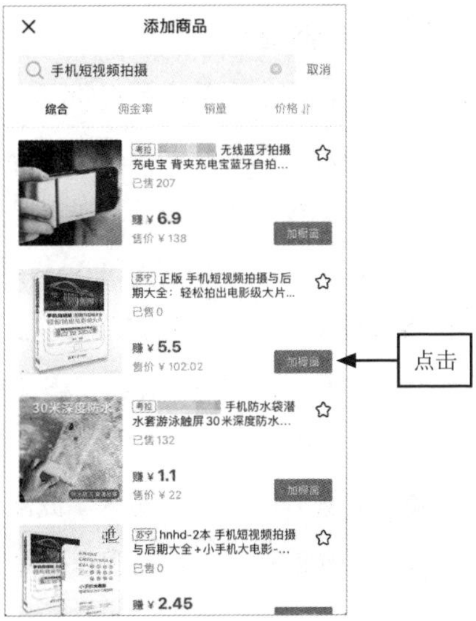

图 8-35　点击“加橱窗”按钮

步骤 05 进入“编辑商品”界面，在界面中输入商品的相关信息，信息编辑完成后点击“完成编辑”按钮，如图 8-36 所示。

步骤 06 操作完成后，进入“商品橱窗管理”界面。如果界面中商品数量增加了 1 个，并且界面中出现刚刚添加的商品的相关信息，就说明商品添加成功了，如图 8-37 所示。

图 8-36 点击“完成编辑”按钮

图 8-37 商品添加成功

2. 删除商品

当商品橱窗中的商品没货了，或者觉得商品橱窗中的某些商品不适合再销售时，抖音运营者就需要进行删除商品的操作了。那么，如何删除商品橱窗中的商品呢？具体操作步骤如下。

步骤 01 登录抖音短视频 App，进入“商品橱窗管理”界面，在 ❶ 处勾选商品；在 ❷ 处点击上方的“移除”按钮，如图 8-38 所示。

步骤 02 操作完成后，弹出“移除商品”对话框，点击对话框中的“确定”按钮，如图 8-39 所示。

步骤 03 操作完成后，进入“商品橱窗管理”界面。如果界面中不再显示刚刚进行移除操作的商品，就说明商品移除成功了。

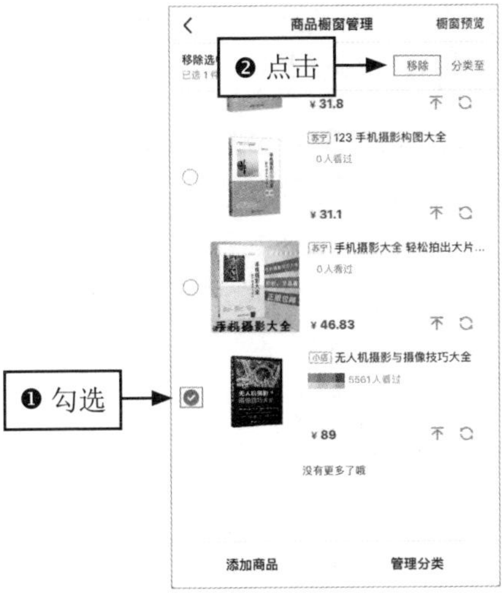

图 8-38　点击“移除”按钮

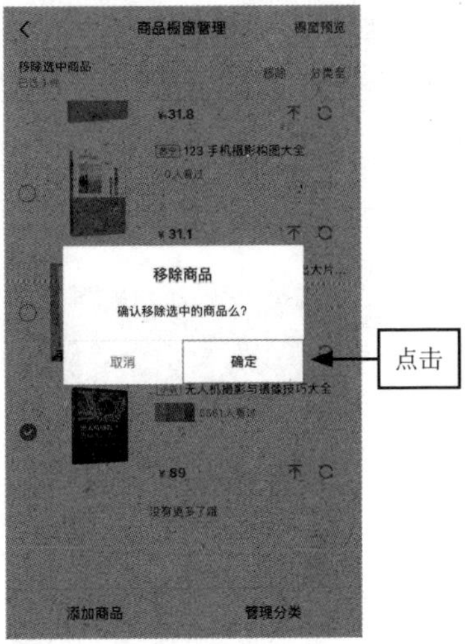

图 8-39　点击“确定”按钮

3. 商品分类

当添加的商品比较多时，为了对商品进行有序的管理，抖音运营者可以进行商品分类管理。在抖音商品橱窗中，商品分类管理的具体操作如下。

步骤 01　添加商品时，抖音电商运营者可以在“编辑商品”界面，点击“选择分类”按钮，如图 8-40 所示。

步骤 02　操作完成后，进入“分类至”界面，点击界面下方的“新建分类”按钮，如图 8-41 所示。

图 8-40　点击“选择分类”按钮

图 8-41　点击“新建分类”按钮

步骤 03 操作完成后，界面中将弹出“商品分类”对话框。在对话框中 ❶ 处输入商品类别名称；在 ❷ 处点击“确定”按钮，如图 8-42 所示。

步骤 04 操作完成后，在“分类至”界面中将出现对应的商品类别，在 ❶ 处选择商品需要加入的类别；在 ❷ 处点击“完成”按钮，如图 8-43 所示。

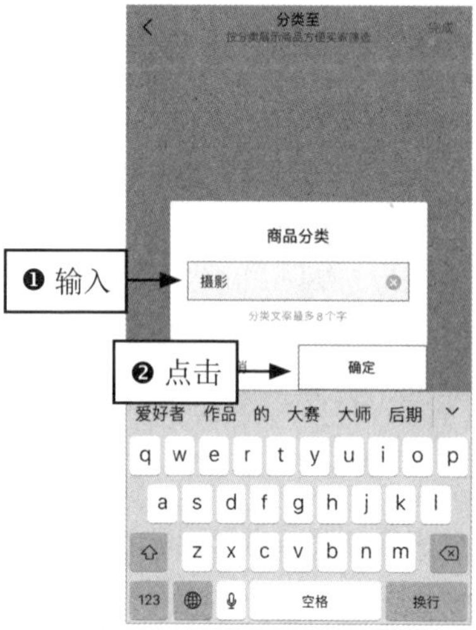

图 8-42 点击“确定”按钮

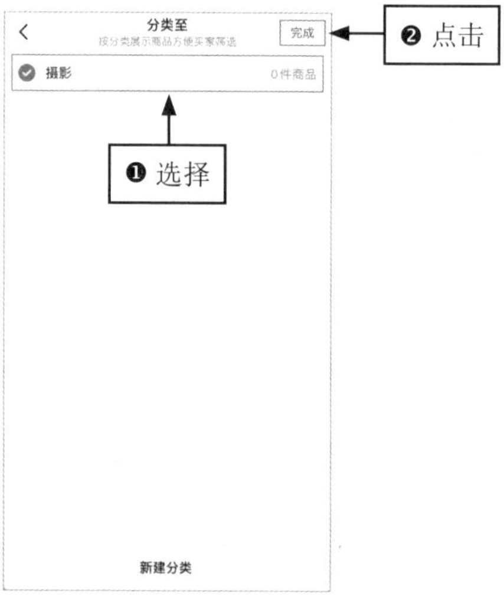

图 8-43 点击“完成”按钮

步骤 05 操作完成后，进入“商品橱窗管理”界面中的“管理分类”按钮，如图 8-26 所示。

步骤 06 操作完成后，进入“管理分类”界面，如图 8-44 所示。

图 8-44 点击“管理分类”按钮

图 8-45 “管理分类”界面

步骤 07 点击商品刚加入的类别，即可进入该类别界面，看到商品的封面、标题等信息，如图 8-45 所示。至此，商品分类便完成了。

图 8-46　对应商品类别界面

抖音商品橱窗还可对已分的类别进行相关的操作，接下来就对删除商品类别的相关操作进行简单的说明。

步骤 01 进入“管理分类”界面，点击“编辑分类”按钮，如图 8-47 所示。

步骤 02 操作完成后，进入商品类别界面，在 ❶ 处点击需要删除的商品类别后方 ··· 按钮；在弹出的对话框中，在 ❷ 处点击“删除”按钮，如图 8-48 所示。

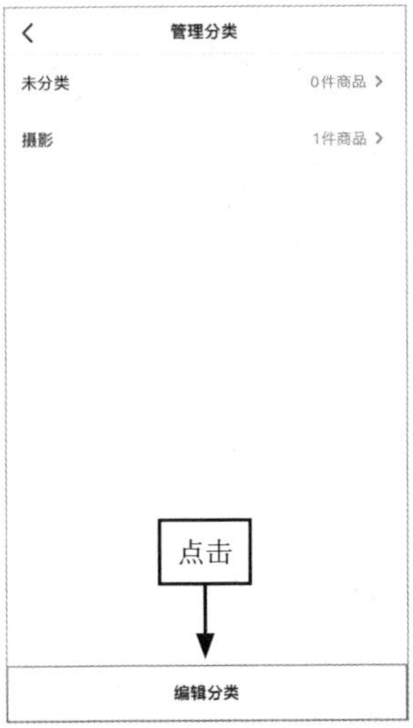

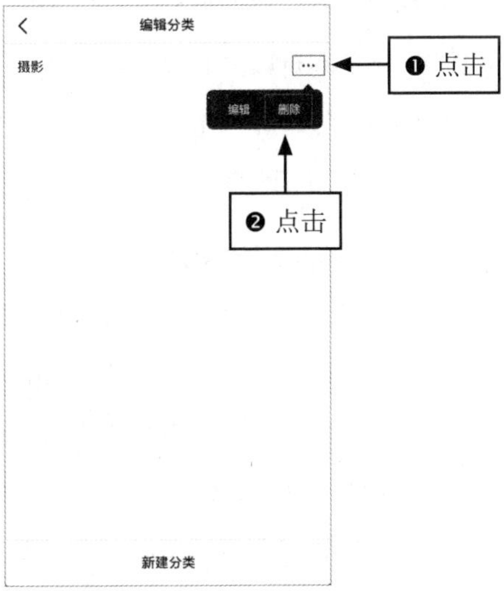

图 8-47　点击“编辑分类”按钮　　图 8-48　点击“删除”按钮

步骤 03 操作完成后，将弹出的“确认删除该分类”对话框中，点击该对话框中的“确定”按钮，如图 8-49 所示。

步骤 04 操作完成后，将显示“删除成功”，与此同时，对应的商品类别将从“编辑分类”界面中消失，如图 8-50 所示。

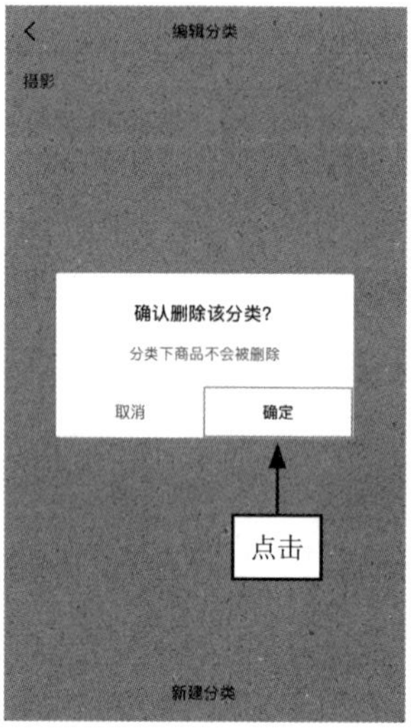

图 8-49　点击“确定”按钮

图 8-50　显示“删除成功”

8.2.3　如何添加其他平台的商品

对于拥有自己的网店的抖音账号运营者来说，将其他平台的商品添加到商品橱窗中显然是非常重要的。那么，如何在商品橱窗中添加其他平台的商品呢？具体方法有如下两个。

1. 输入名称搜索

抖音账号运营者可以从“商品橱窗”中进入“添加商品”界面，然后，点击“添加商品”界面左上方的“搜索商品”，在搜索栏中 ❶ 处输入商品名称；在 ❷ 处点击“搜索”按钮，如图 8-51 所示。

操作完成后，进入如图 8-52 所示的商品搜索结果界面。抖音账号运营者只需在该界面中点击需要添加的商品后方的“加橱窗”按钮，即可将对应商品加入抖音商品橱窗。

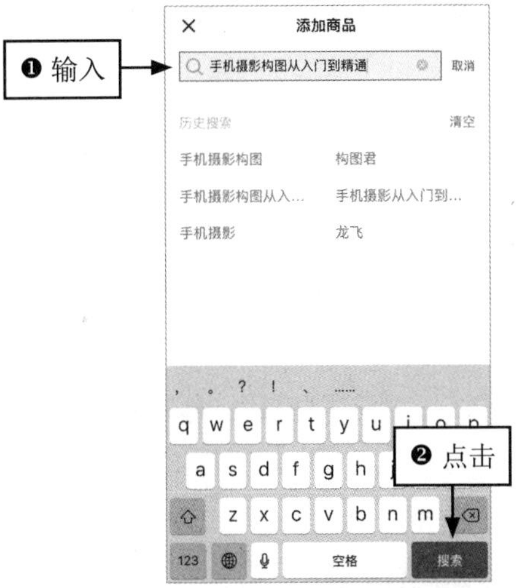

图 8-51　输入商品名称

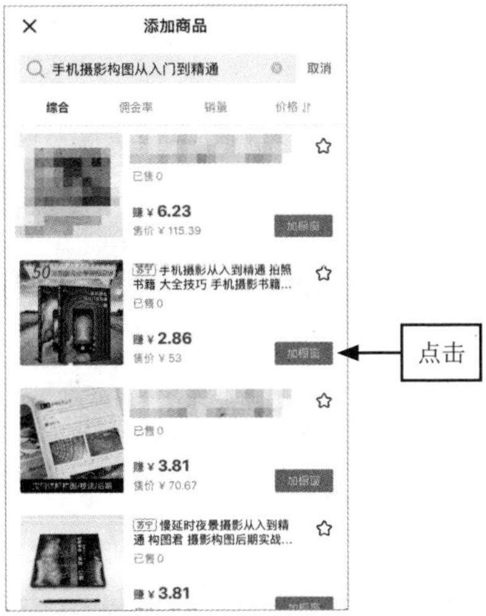

图 8-52　点击“加橱窗”按钮

2. 粘贴商品链接

除了搜索商品之外，抖音账号运营者还可以点击“添加商品”界面右上方的“商品链接添加”，并在搜索栏中粘贴商品链接。操作完成后，会弹出“已自动识别剪切板中的商品链接”对话框，点击对话框中的“查看详情”按钮，如图 8-53 所示。

执行操作后，会显示该商品的相关信息，如图 8-54 所示。抖音账号运营者只需点击该商品后方的“加橱窗”按钮，即可将商品加入抖音商品橱窗。

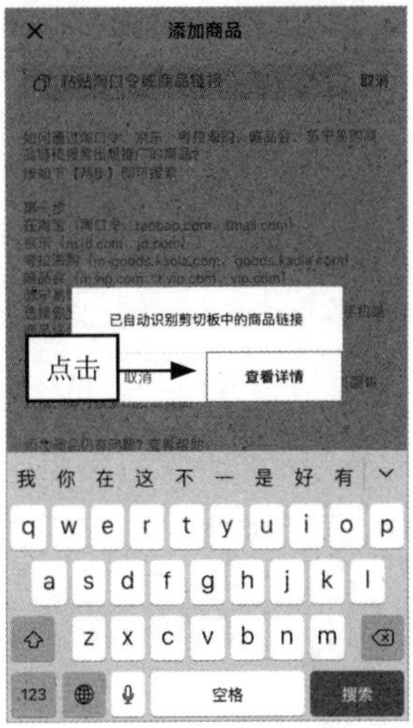

图 8-53　点击“查看详情”按钮

图 8-54　点击“加橱窗”按钮

8.3 运营策略：彻底攻破“流量关”，提升客流量

抖音购物车运营的主要策略是攻破“流量关”，提升客流量。具体来说，又可将运营细分为 3 个阶段，这一节就来分别进行解读。

8.3.1 入门运营：基础内容形式与视频拍摄指导

抖音基础内容形式大致可以分为 4 大类，如图 8-55 所示。每种基础内容形式适合的领域不尽相同，抖音购物车的运营首先要做的就是根据账号的领域定位，选择合适的内容展示形式。

图 8-55　抖音的基础内容形式

确定内容展示形式之后，还需要掌握具体的视频拍摄技巧。每个领域的视频拍摄要求不同，对应的技巧也会有所差异。以服装类视频为例，可通过口播教学、视频引导教学和图文轮播的形式进行拍摄和制作，具体如图 8-56 所示。

图 8-56　服装类视频的拍摄技巧

8.3.2　进阶运营：视频精细化运营与标杆性成交

抖音购物车的进阶运营策略分为视频精细化运营和标杆性成交。视频精细化运营主要包括 5 个方面，即视频制作、视频拍摄、视频剪辑、视频文案和视频发布。

视频制作方面，需要重点对视频时长、视频内容、视频分类和亮点要素进行把控，具体如图 8-57 所示。

视频拍摄方面，需要重点把握拍摄格式即第三方软件禁忌和拍摄的构图技巧，具体如图 8-58、图 8-59 所示。

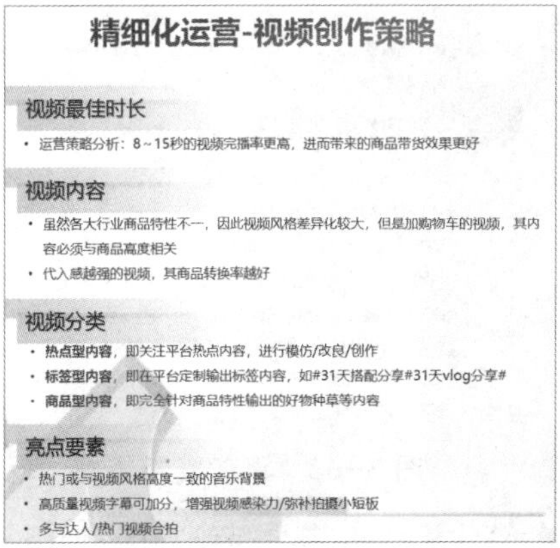

图 8-57　视频创作策略

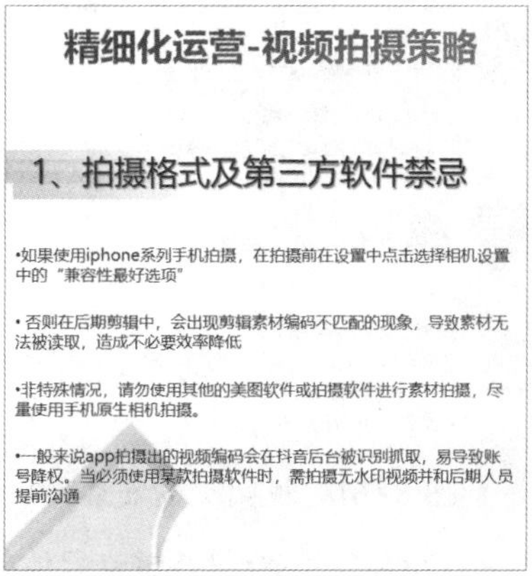

图 8-58　视频拍摄策略（1）

视频剪辑方面，需要重点把握 5S 原则的体现、视频封面、视频拍摄花絮和音乐剪辑，具体如图 8-60 所示。

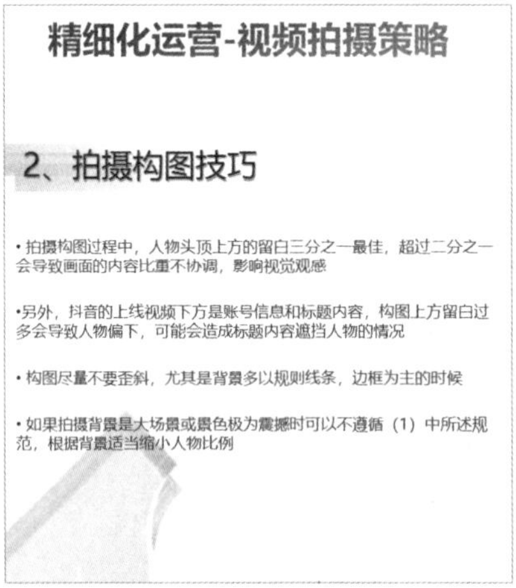

图 8-59 视频拍摄策略（2）

图 8-60 视频剪辑策略

视频文案方面，主要需要把握添加话题、@ 相关好友 / 达人等、文字表达，具体如图 8-61 所示。

视频发布方面，主要需要把握发布时间和发布后的运营，具体如图 8-62 所示。

图 8-61 视频文案策略

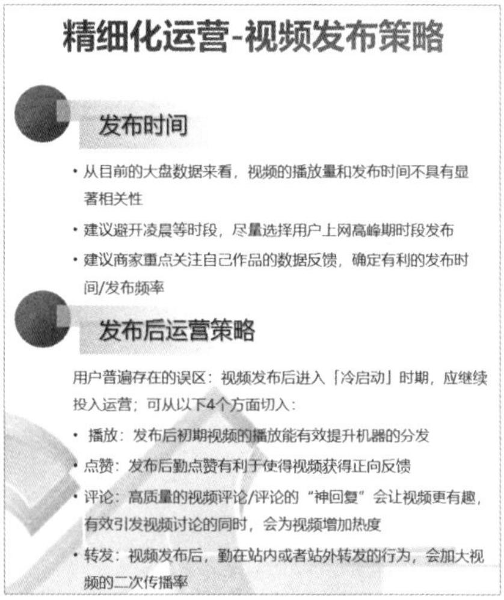

图 8-62 视频发布策略

抖音购物车的标杆性成交具体包括流量、转化和选品，具体成交流程如图 8-63 所示。

图 8-63　标杆性成交流程

8.3.3　玩法集合：多账号运营、官方活动、参与话题

除了入门运营和进阶运营之外，抖音账号运营者还需要掌握购物车的一些玩法，如多账号运营、官方活动和参与话题。

多账号运营玩法就是可以同时运营多个不同类型的账号，然后，通过互相@等方式，互相进行推广引流。例如，祝晓晗（祝晓晗运营）和老丈人说车（祝晓晗的父亲运营）这两个账号采用的就是这种方式，祝晓晗主要是做搞笑类内容，老丈人说车主要是做汽车类内容，如图 8-64 所示为这两个抖音号发布的相关视频。

图 8-64　祝晓晗和老丈人说车发布的相关视频

官方活动玩法就是关注并参与抖音官方平台推出的各种活动，从而更好地吸引抖音用户的关注，获得更多流量。抖音官方平台推出的活动有很多，如图 8-65 所示为 2018 年下半年抖音推出的几个重大活动。这些活动触及 10 亿以上的用户，因此，如果积极参与这些活动，能够获得的流量自然也就比较可观了。

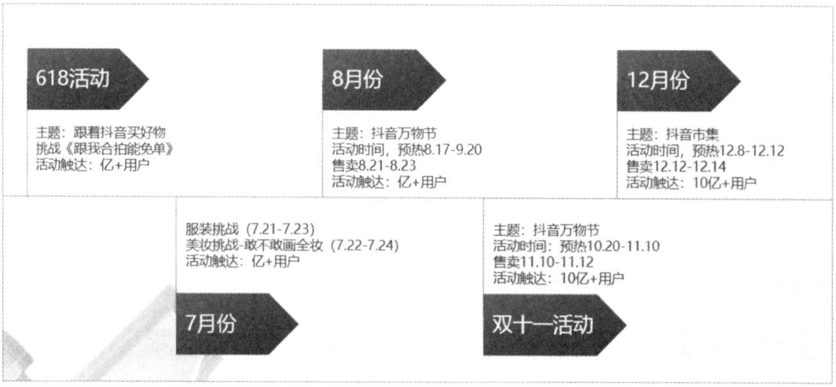

图 8-65　2018 年下半年抖音推出的重大活动

参与话题玩法，顾名思义，就是根据抖音中的话题进行营销和运营。具体来说，参与话题又可分为 3 个方面，即多多参与抖音官方推出的话题和挑战、多多发起和打造热门话题、积极争取参与达人超级话题定制。

第 9 章

抖音小店：商家的带货新平台

抖音小店是抖音短视频平台的一个重要功能，同时，也是无数商家的带货新平台。

抖音账号运营者入驻抖音小店之后，可以将抖音小店的商品添加至短视频和直播中，抖音用户只需点击对应的商品链接，便可以在抖音短视频平台中完成商品的购买，而无须跳转至其他平台。这无疑让商品的购买变得更加便利。

9.1 开通小店：拓宽内容变现的渠道

抖音为什么要做抖音小店？官方给出的解释是：为自媒体运营者提供变现工具，拓宽内容变现的渠道。对于抖音运营者来说，通过添加别人淘宝店铺的商品，虽然可以获得一定的收益，但是，这个比例通常是比较低的。而且在这种模式之下，自媒体运营者也很难进行变现。

而如果开通了抖音小店，自媒体运营者便可以打造属于自己的抖音电商销售平台，快速获得应有的收益，这无疑拓宽了内容变现的渠道。

9.1.1 个人入驻抖音小店

个人入驻抖音小店之前，需要先对入驻的要求进行了解。具体来说，个人入驻抖音小店主要需要满足两个要求，一是资质要求，二是其他要求，具体如图 9-1、图 9-2 所示。

抖音小店对接的是今日头条的放心购商城，个体抖音用户可以从抖音帮助页面进入入驻平台，也可以通过 PC 端来登录，注意要选择抖音号登录。要想开通抖音小店，需要先了解开通抖音小店的流程。具体来说，开通抖音小店的一般流程如下。

2.1 资质说明：

通用资质	资质说明
营业执照	1.需提供三证合一的营业执照副本原件扫描件或者复印件加盖公司公章照片； 2.个体工商户营业执照； 3.确保未在经营异常名录中且所售商品在营业执照经营范围内； 4.距离有效期截止时间应大约3个月； 5.证件需保证清晰完整有效。
经营者身份证	1.需提供身份证照片正反面； 2.需提供本人手持身份证照片（手持证件，上半身拍照，手臂完整露出）； 3.身份证须使用二代身份证； 4.所有证件需保证清晰完整有效。
商标注册证及授权书	1.需提供商标注册证书或品牌授权书的扫描件加盖公司公章； 2.未获得注册证书的请提供商标注册受理通知书； 3.TM标需为自有品牌，可以申请旗舰店，但不支持开具品牌授权书； 4.R标不限制； 5.证件需保证清晰完整有效。
银行账户信息	1.需提供银行账户、开户行及开户支行； 2.个体工商户对公或者对私：对公必须使用与营业执照一致的对公账户，且开户名与账号对应，开户行准确，否则无法结算；对私： 必须使用与营业执照经营名称一致对私银行卡账户，且开户名与账号对应，开户行准确，否则无法结算
开户许可证	1.需提供开户许可证扫描件； 2.开户许可证需和营业执照主题一致； 3.距离有效期截止时间应大于3个月； 4.证件需保证清晰完整有效。

证件名称	资质要求
商标注册证	由国家商标总局颁发的商标注册证或商标注册申请受理通知书（若商标办理过变更、转让、续展，请一并提供商标总局颁发的变更、转让、续展证明或受理通知书）
商标注册证	商标注册证号填写须与所上传的商标注册证信息一致

图 9-1　个人入驻抖音小店的资质要求

2.2其他要求：

开店公司经营范围及经营时间在营业执照规定经营范围内；
售卖商品包含在招商类目范围内，且具备对应资质；
如经营进口商品，进口品牌需提供国内商标注册证、报关单、和检验检疫合格证明；
商品必须符合法律及行业标准的质量要求；
自有品牌入驻：由国家商标总局颁发的商标注册证或商标注册申请受理通知书（若商标办理过变更、转让、续展，请一并提供商标总局颁发的变更、转让、续展证明或受理通知书）；
非自有品牌入驻：

商标注册证或商标注册申请受理通知书；

需提供由商标权利人为源头授权到开店公司的完整授权链条。如商标权利人为A，开店公司为C，则须提供A—B—C的完整授权链条。授权中需说明：授权方、被授权方、授权品牌、授权期限（授权时间距离有效期至少6个月）；授权书约定的销售范围无限制或明确说明可在"jinritemai.com"销售。

图 9-2　个人入驻抖音小店的其他要求

步骤 01 在浏览器中搜索“今日头条商家后台”，进入如图 9-3 所示的官网界面，并选择登录方式。这里以抖音账号登录为例进行说明。

图 9-3 “值点商家后台”界面

步骤 02 操作完成后，进入如图 9-4 所示的“手机号登录”界面。在该界面中输入手机号码和验证码，点击下方的“登录”按钮。

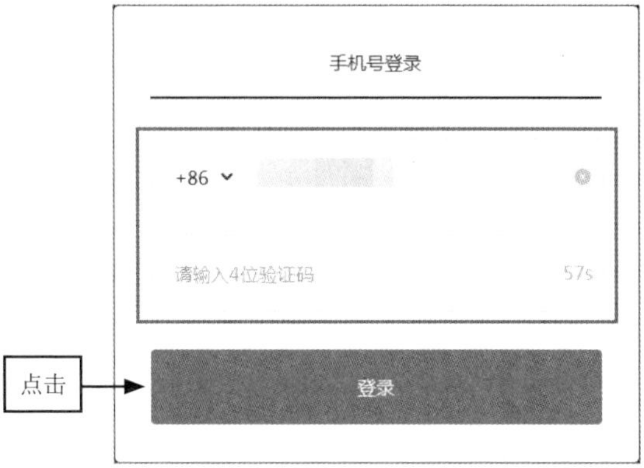

图 9-4 “手机号登录”界面

步骤 03 进入“请选择您的店铺类型”界面，在该界面中选择“个体工商户入驻”；点击下方的“开始填写资料”按钮，如图 9-5 所示。

图 9-5　“请选择您的店铺类型”界面

步骤 04 进入信息填写界面，个体抖音用户需要按要求填写主体信息和店铺信息，如图 9-6 所示。信息提交成功，并通过抖音的审核，便可以完成入驻了。

图 9-6　信息填写界面

9.1.2 企业入驻抖音小店

抖音小店除了可以以个人形式入驻之外，还可以以企业形式入驻。企业入驻抖音小店也需要满足资质和其他这两方面的要求，不过具体要求与个人入驻有所不同。具体来说，企业入驻抖音小店的资质要求和其他要求如图 9-7、图 9-8 所示。

通用资质	资质说明
营业执照	1.需提供三证合一的营业执照原件/副本彩色照片或者复印件加盖公司公章照片； 2.企业/农民专业合作社营业执照； 3.确保未在企业经营异常名录中且所售商品在营业执照经营范围内； 4.距离有效期截止时间应大约3个月； 5.证件需保证清晰完整有效。
法定代表人身份证	1.需提供身份证人像面和国徽面照片； 2.需提供法定代表人手持身份证照片（手持证件，上半身拍照，手臂完整露出）； 3.身份证须使用二代身份证； 4.所有证件需保证清晰完整有效。
商标注册证及授权书	1.需提供商标注册证书或品牌授权书的照片； 2.未获得注册证书的请提供商标注册受理通知书； 3.TM标需为自有品牌，可以申请旗舰店，但不支持开具品牌授权书； 4.R标可以是自有品牌，也可以是授权品牌； 5.证件需保证清晰完整有效。
银行账户信息	1.需提供银行账户账号、开户行及开户支行； 2.企业/农民专业合作社对公：必须使用与营业执照名称一致的对公账户，且开户名与账号对应，开户行准确，否则无法校验和结算。
银行开户许可证	1.需提供开户许可证原件照片； 2.开户许可证需和营业执照名称一致； 3.距离有效期截止时间应大于3个月； 4.证件需保证清晰完整有效。

证件名称	资质要求
商标注册证	由国家商标总局颁发的商标注册证或商标注册申请受理通知书（若商标办理过变更、转让、续展，请一并提供商标总局颁发的变更、转让、续展证明或受理通知书）
商标注册证	商标注册证号填写须与所上传的商标注册证信息一致
品牌授权书	1、合作方为经销商或代理商需提供品牌方开出的授权书，保证各级授权链条完整（目前仅支持2级授权）
品牌授权书	2、商标权利人为自然人，需由商标权利人为源头授权给合作方，并提供商标权利人亲笔签名的身份证正反两面复印件
品牌授权书	3、授权书中需说明：授权方、被授权方、授权品牌、授权期限（授权时间距离有效期至少6个月）；授权书约定的销售范围无限制或明确说明可在“jinritemai.com”销售

图 9-7 企业入驻抖音小店的资质要求

2.2 其他要求：

小店选择的类目需要在营业执照规定经营范围内；

售卖商品包含在招商类目范围内，且具备对应资质；

如经营进口商品，进口品牌需提供国内商标注册证、报关单、和检验检疫合格证明；

商品必须符合法律及行业标准的质量要求；

自有品牌入驻：由国家商标总局颁发的商标注册证或商标注册申请受理通知书（若商标办理过变更、转让、续展，请一并提供商标总局颁发的变更、转让、续展证明或受理通知书）；

非自有品牌入驻：

商标注册证或商标注册申请受理通知书；

需提供由商标权利人为源头授权到开店公司的完整授权链条。如商标权利人为A，开店公司为C，则须提供A—B—C的完整授权链条。若商标权利人为自然人，需提供商标权利人亲笔签名的身份证正反两面复印件。授权中需说明：授权方、被授权方、授权品牌、授权期限（授权时间距离有效期至少6个月）；授权书约定的销售范围无限制或明确说明可在“jinritemai.com”中销售。

图 9-8　企业入驻抖音小店的资质要求

9.1.3　抖音小店的呈现形式

和大多数店铺形式不同的是，抖音小店目前在抖音 App 内还没有专门的聚合页面。也就是说，用户在抖音内暂时还找不到写有“抖音小店”字样的页面。但是，抖商却能将抖音小店中的商品添加至抖音商品橱窗和抖音短视频中。

不过，作为抖音平台在电商方面的一大尝试，抖音小店可能会逐渐变成抖音平台的重要版块。未来，抖音小店拥有特定的页面也未可知。

当然，抖音小店在抖音中还是有体现的。具体来说，当某个抖音短视频添加的商品来自抖音小店时，抖音用户点击商品链接，进入抖音商品详情界面，就可以看到“来自小店”这 4 个字，如图 9-9 所示。

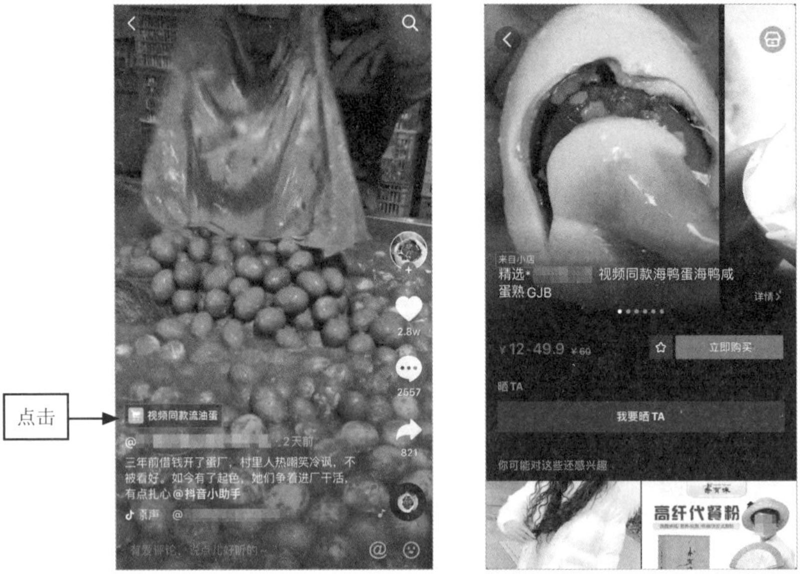

图 9-9　抖音小店在抖音中的体现

9.1.4　抖音小店和橱窗的区别

抖音小店和商品橱窗的区别主要体现在两个方面。一是在抖音呈现上。抖音小店没有单独的聚合页进行展示，但是商品橱窗却有；二是在具体性质上。抖音小店本质上是一种店铺形式，而商品橱窗却属于一种变现带货的功能。

9.1.5　小店商品怎样带货变现

抖音小店中的商品主要有两种带货变现方式。一是抖音小店运营者将小店中的商品直接添加到抖音视频或直播中，通过卖货进行变现。二是让小店中的商品进入抖音精选联盟，通过提供一定的佣金，让其他抖音达人在视频或直播中添加小店的商品。如果有抖音用户点击链接，购买小店中的商品，便可以实现变现。

9.2　粉丝 + 计划：形成完整的流量闭环

今日头条旗下有很多平台，而这些平台中又有许多配备有专门的购物功能，抖音短视频本身也属于今日头条旗下。所以，抖音运营者如果能够综合利用这些平台的购物功能，就能在今日头条系内形成完整的流量闭环，并获得较为可观的收益。

9.2.1 今日头条：值点商城

在许多人的印象中，今日头条就是一个资讯平台。其实，今日头条除了提供资讯之外，还为大家提供了一个购物渠道。在今日头条 App 的菜单栏中有一个“值点”选项，用户只需选择该选项，便可进入值点商场。另外，用户只需点击某个商品，便可进入该商品的详情界面，查看商品的详情。甚至还可以将商品加入购买车或者立即进行购买。具体如图 9-10 所示。

图 9-10 今日头条的值点商场

抖音运营者可以运营一个今日头条号，在今日头条平台获取一定流量的同时，入驻值点商场，进行商品销售。也就是说，通过今日头条的运营，运营者不仅可以获得一些流量，更能直接获取收益。

9.2.2 西瓜视频：作者店铺

西瓜视频是一个以视频内容推送为主的平台。运营者可以将自己拍摄的视频发布到该平台，从而吸引平台用户的关注，积累粉丝数量。获得了一定粉丝之后，便可以开设自己的店铺，销售产品获得收益。

如果某个运营者在西瓜视频中开设了自己的店铺，那么，用户只需进入其主页，便可以看到页面右下方有一个“作者店铺”按钮。用户只需点击该按钮，便可进入作者店铺，查看和购买店铺中的产品，如图 9-11 所示。

图 9-11　西瓜视频的作者店铺

9.2.3　火山小视频：火山铺子

和西瓜视频相同，火山小视频也是今日头条旗下的一个视频平台。运营者在该视频平台中发布视频，用户会通过送出火苗的方式对你的视频表示认同。而获得的火苗又可转变为火力值，运营者则可以将火力值直接进行变现。也就是说，运营者只需发布视频，便可以获得收益。

除此之外，运营者还可以开设自己的火山铺子销售商品。开设了火山铺子的账号，其主页中会出现“TA 的火山铺子”按钮，用户只需点击该按钮，便可进入其店铺中，查看和购买商品，如图 9-12 所示。

图 9-12　火山小视频的火山铺子

9.2.4　悟空问答：答疑收益

悟空问答原名为头条问答，它是今日头条旗下一个专注于问答内容的平台。用户可以通过答疑在该平台上获得收益。考虑到问答内容变现有一定的难度，因此，为了鼓励用户做好内容运营，悟空问答推出了青云问答计划。如果用户的问答内容能够入选青云问答，便可以获得一定的收益。如图 9-13 所示为青云问答计划的相关说明。

参与方式

平台主动筛选符合条件的内容，发放奖励。

参与条件

- 原创且首发在头条问答；
- 500字以上；图片类问题视情况而定；
- 观点明确，论据充分切题，有信息增量，体现专业性或独到视角；
- 排版美观，可读性强，鼓励配有信息增量的图片。

奖励详情

- 现金奖励：奖励分为两档，一档每个获奖回答奖励300元现金，二档每个回答奖励100元现金。
- 头条认证：月获得问答青云计划「一档奖项」次数超过4次，经过平台评估确认内容质量、社会影响等因素后，将为账号增加「青云计划获奖者」认证信息及黄V标识。

发奖方式

- 发奖时间：每周五；节假日期间奖励名单顺延至假日后的第一个周五。
- 发奖渠道：悟空问答官方头条号、App内系统通知。

提现方式

奖励将在公布获奖名单后的3个工作日内发放至悟空问答App，可通过「我的」— 点击右上角「...」—「收入明细」进行提现。

相关说明

- 如获奖内容、获奖者存在抄袭、洗稿等违规嫌疑，经核实后，平台有权撤回、追缴奖励。欢迎广大用户共同监督、举报；
- 获奖内容仅代表作者本人观点，不代表今日头条平台立场。

图 9-13　青云问答计划的相关说明

9.3 小店运营：获得更多的成交收入

大多数抖音运营者之所以要开设抖音小店，就是希望通过小店的运营获得更多的成交收入。那么，如何运营小店才能获得更多的收入呢？这一节就来为大家进行一些分享。

9.3.1 开店测试：找到属于你的开店方式

如果抖音账号运营者有开设抖音小店的想法，但又不确定哪种开店方式更适合自己，那么，你可以先做一个开店测试，然后根据测试结果选择相对合适的开店方式。

抖音 App 中为抖音账号运营者提供了开店测试的内容，具体如图 9-14 所示。抖音运营者可以通过对 10 个问题的回答，得出具体的测试结果，然后根据测试结果选择属于自己的开店方式。

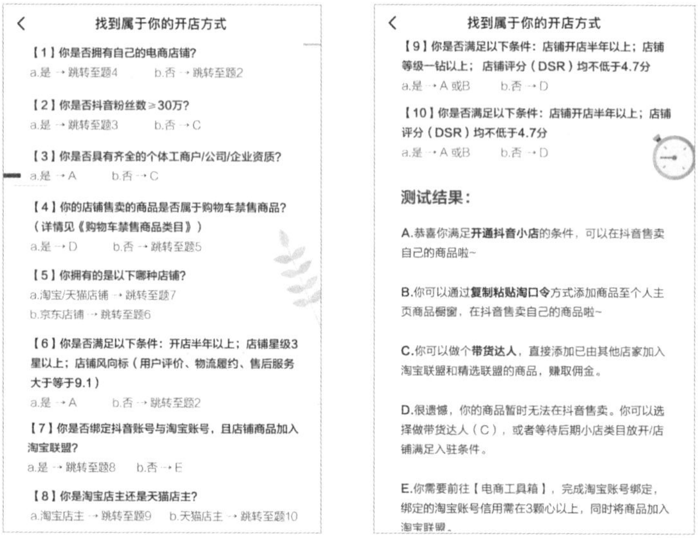

图 9-14　开店测试的内容

9.3.2 招商标准：抖音小店招商入驻要求

抖音小店并不是说入驻就能入驻的。抖音账号运营者必须满足一定的要求，才可通过招商入驻抖音小店。具体来说，抖音小店的招商入驻要求如图 9-15 所示。

招商入驻要求

1. 必须为企业资质，不接受个人及个体工商户；

2. 售卖商品包含在招商类目范围内，且具备对应资质；

3. 开店公司注册资本高于10万（包含10万）；

4. 开店公司经营范围及经营时间在营业执照规定经营范围内；

5. 如经营进口商品，进口品牌需提供国内商标注册证、报关单、和检验检疫合格证明；

6. 商品必须符合法律及行业标准的质量要求；

7. 缴纳10000元保证金。

品牌授权书

1. 合作方为经销商或代理商的请提供品牌方开出的各级授权书，或正规采购合同及进货发票，保证授权链条完整；

2. 商标持有人为个人注册的，需要注册人开具商标授权书给合作方公司，并提供个人身份证签字；

3. 授权书约定的销售范围无限制或者明确说明可以在"放心购平台"销售，并且授权书的授权时间在有效期内。

质检报告

每个品牌须提供一份由权威质检机构出具的最近2年内的质检报告，或者有效期内的3C认证证书

图 9-15　抖音小店招商入驻要求

当然，抖音账号运营者入驻的店铺类别不同，需要提供的资料和满足的要求也会有所不同。如图 9-16 所示为店铺类别说明，抖音账号运营者要根据该需求提供对应的资料。只要满足了要求，便可以入驻对应的抖音小店。

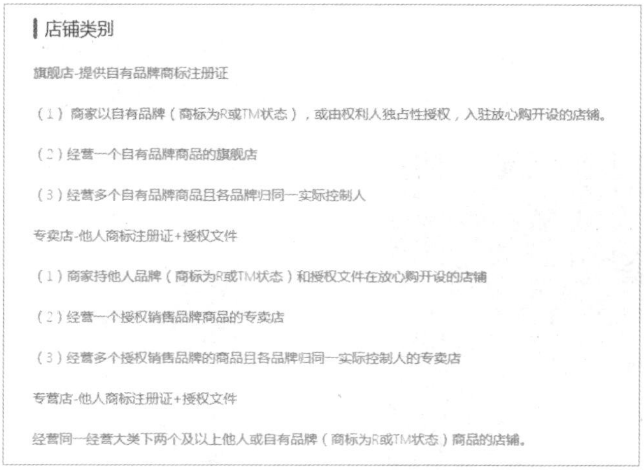
店铺类别

旗舰店-提供自有品牌商标注册证

（1）商家以自有品牌（商标为R或TM状态），或由权利人独占性授权，入驻放心购开设的店铺。

（2）经营一个自有品牌商品的旗舰店

（3）经营多个自有品牌商品且各品牌归同一实际控制人

专卖店-他人商标注册证+授权文件

（1）商家持他人品牌（商标为R或TM状态）和授权文件在放心购开设的店铺

（2）经营一个授权销售品牌商品的专卖店

（3）经营多个授权销售品牌的商品且各品牌归同一实际控制人的专卖店

专营店-他人商标注册证+授权文件

经营同一经营大类下两个及以上他人或自有品牌（商标为R或TM状态）商品的店铺。

图 9-16　店铺的类别说明

9.3.3　入驻标准：经营者资质信息和要求

其他店铺要想入驻抖音小店，必须满足一些标准，或者说一些条件。具体来说，抖音小店的入驻标准如图 9-17 所示。抖音账号运营者只有达到了这些标准，

才可以获得入驻抖音小店的资质。

1.资质齐全，有淘宝、天猫或京东第三方平台的店铺

淘宝店铺需要满足条件：

店铺开店半年以上

店铺等级一钻以上

淘宝店铺评分（DSR）符合「店铺DSR规则」

天猫店铺需要满足条件：

开店半年以上

天猫店铺评分（DSR）符合「店铺DSR规则」

京东店铺需要满足条件：

开店半年以上

店铺星级3星以上

京东店铺风向标（用户评价、物流履约、售后服务大于等于9.1）

店铺DSR规则：

类目	描述评分	服务评分	物流评分
男装	不低于4.7	不低于4.7	不低于4.7
女装	不低于4.7	不低于4.7	不低于4.7
鞋靴箱包	不低于4.7	不低于4.7	不低于4.7
服饰配件	不低于4.7	不低于4.7	不低于4.7
食品	不低于4.7	不低于4.7	不低于4.7
美妆个护	不低于4.7	不低于4.7	不低于4.7
母婴	不低于4.7	不低于4.7	不低于4.7
教育	不低于4.7	不低于4.7	不低于4.7
其他类目	不低于行业平均值	不低于4.7	不低于4.7

2.资质齐全，抖音账号粉丝大于等于30万。

（校验的是注册店铺账号的粉丝情况）

图 9-17　店铺入驻标准

9.3.4　精选联盟：达人推广商品赚取佣金

精选联盟是抖音中“添加商品”界面的一个版块，如图 9-18 所示为“反馈与帮助”界面对精选联盟的相关介绍。

通过精选联盟获得佣金的方法很简单，抖音运营者只需在发布视频过程中，在“添加商品”界面的“精选联盟”版块选择商品，便可以获得一定的佣金，如图 9-19 所示。

图 9-18　精选联盟的相关介绍

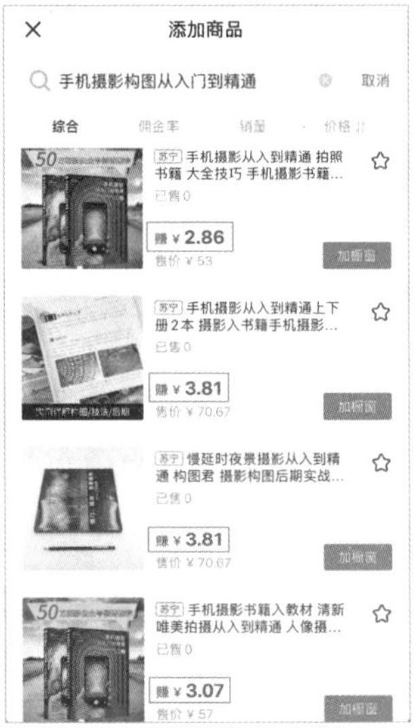

图 9-19　“精选联盟”的相关界面

插入“精选联盟”的商品之后，只要其他用户通过抖音运营者发布的视频购买商品，抖音运营者便可以获得一定的佣金。另外，抖音运营者还可以选择“商品橱窗”中的“佣金收入”选项，进入“我的收入”界面，查看佣金详情，如图 9-20 所示。

图 9-20　查看佣金

对于在网上没有开设店铺的人员来说，“精选联盟”的相关功能无疑是一种巨大的福利。通过这个功能，只要粉丝量足够、能够吸引抖音用户购买商品，便可以变身抖商。即便是没有本钱，也能赚到钱。

9.3.5　电商达人：达人分级与对应的权限

抖音账号运营者在抖音平台开通了电商功能之后，便可以获得抖音电商达人的称号。当然，抖音电商达人也是有分级的。抖音平台会根据每个抖音账号的运营情况，对账号进行电商达人的分级，并规定对应的权限。如图 9-21 所示为抖音电商达人分级与对应的权限。

电商达人分级与对应权限

一级电商达人：

- ✓ 商品橱窗功能

二级电商达人：

- ✓ 商品橱窗功能
- ✓ 个人主页视频置顶
- ✓ 视频电商功能——为视频添加商品，也就是视频左下角显示的购物车
- ✓ PC管理后台登陆权限

三级电商达人：

- ✓ 商品橱窗功能
- ✓ 个人主页视频置顶
- ✓ 视频电商功能——为视频添加商品，也就是视频左下角显示的购物车
- ✓ 直播电商功能——直播间添加商品并售卖，也就是直播时候显示的购物车
- ✓ PC管理后台登陆权限

图 9-21　抖音电商达人分级与对应权限

除此之外，为了鼓励抖音账号运营者更好的做好抖音运营，获得更高的电商达人等级，抖音平台还对抖音达人的个人主页视频置顶、PC 管理登录权限进行了详解，具体如图 9-22 所示。

重要权益详解

一、个人主页视频置顶

1.操作方法

路径：个人主页 —— 点开想置顶的作品 ———右下角转发按钮 ——【置顶】

取消置顶操作路径相同，点击【取消置顶】即可。

2.注意要点

个人主页最多可以置顶3个视频。

二、PC管理后台登陆权限

PC管理后台又叫e后台，是购物车功能在电脑端的后台管理工具，可以帮助购物车用户更高效地运营账号、管理粉丝，支持查询运营数据、管理视频内容和批量回复用户消息。

新版电商后台链接：https://

1. 如何获得e后台使用权限?

二级或三级电商达人才可使用，只开通了个人主页商品橱窗功能的用户，需要先去解锁视频电商权限哦~

2. e后台登录方式

① 在【电脑端】浏览器打开后台链接 https://

② 打开抖音APP扫描二维码登陆，或使用抖音号绑定的手机号+验证码登陆。

3. e后台支持哪些功能?

- **查看个人最新信息**

  【首页】可以查看昨日历史数据（主页访问量、视频播放量、新增粉丝）和最新发布视频信息。

- **管理私信、评论、视频内容**

  【用户管理】查看最近互动的用户信息，并进行标签管理。

  【消息管理】可在PC端批量回复用户信息，设置私信自动回复、关键词回复和自定义菜单，减少处理信息的负担。

  【内容管理】可以查看具体视频的详细数据，播放量、点赞数、分享数和评论数等，也能回复、置顶、删除用户评论。

- **分析运营数据**

  【主页分析】可以查看主页访问量、视频播放/互动量、粉丝数等数据的变化趋势。

图 9-22　抖音电商达人重要权限详解

从一定意义上来说，抖音账号运营者获得的收益和其所达到的抖音电商达人

有着密切的联系。抖音电商达人的等级越高，可以获得的电商功能就越多。这样一来，抖音电商运营会变得更加便利，同时抖音电商运营的效果往往也会变得更好。

9.3.6 活动玩法：拉动销售，增加购买量

开设小店并开通部分抖音电商功能之后，抖音账号运营者还可以通过一些活动玩法，拉动小店商品的销售，增加商品的购买量。

抖音平台中推出了一些活动玩法的教程，抖音账号运营者可以在抖音“小店学院”的“课程”版块中，选择“活动玩法教程”选项，进入“活动玩法教程”界面，查找对应的教程。

图 9–23　查找活动玩法教程

如果抖音账号运营者要了解某个活动的具体玩法，只需点击“活动玩法教程”界面中对应的玩法，便可通过抖商小助手的短视频进行了解，具体如图 9–24 所示。

图 9-24 查看具体的玩法教程

第 10 章

抖音小程序：短视频延伸变现工具

抖音小程序是抖音平台的一个重要功能，同时也是一个抖音短视频延伸变现的工具。

抖音账号运营者只需开发一个抖音小程序，便相当于是在抖音上增加了一个变现的渠道。抖音账号运营者可以在抖音中放置抖音小程序的链接，而抖音用户点击链接便可进入小程序，并在小程序中购买商品。

10.1 小程序：为用户提供连接内容与服务的方式

抖音小程序实际上就是抖音短视频的简化版 App，与微信小程序相同，抖音小程序具备了一些原 App 的基本功能，而且无须另行下载，只要在抖音短视频 App 中进行搜索，并点击进入便可直接使用。

需要特别说明的是，目前 iOS 系统的手机中，抖音还未开放抖音小程序功能。也就是说，在苹果手机中，抖音用户是找不到抖音小程序的。而安卓用户则可根据自身需求，通过不同的入口，使用抖音小程序。

与大多数电商平台相同，在抖音小程序中可以直接销售商品。抖音用户进入对应小程序之后，选择需要购买的商品，并支付对应的金额，便可以完成下单。除此之外，抖音电商运营者还可以通过设置，让自己的抖音小程序可以被抖音用户分享出去，从而为抖音用户的购物提供更好的便利，实现内容与服务的连接。

10.1.1 小程序的 4 大优势

为什么抖音账号运营者要花费时间和精力去开发和运营抖音小程序呢？这主要是因为抖音小程序拥有 4 大优势，具体如下。

1. 开发便捷

相比于 App，小程序的页面相对要简单一些，再加上今日头条官方平台中提供了相应的开发工具，因此，抖音小程序开发周期短、成本低，抖音账号运营者很快便可以拥有自己的抖音小程序。

2. 多端上线

抖音小程序是直接在今日头条平台开发的一种程序，因此，开发完成后便可在今日头条旗下的今日头条、抖音、头条极速版等平台实现多端上线。而且随着今日头条旗下平台的不断开发和开放，抖音小程序可上线的平台也会不断增加。

3. 优质体验

抖音小程序拥有优于现有 H5 页面的用户体验，同时，在抖音内点击相应链接，便可以直接进入小程序的对应页面，使用体验相对较好。

4. 精准匹配

通过今日头条推荐算法的赋能，抖音小程序可以获得更多精准的潜在新用户，从而在快速征集新用户的同时，有效提高品牌的知名度。

10.1.2 小程序的主要入口

与微信对于微信小程序一样，抖音对于自己的小程序功能也是非常重视的。这一点从抖音平台中小程序的入口数量便可以看得出来。在抖音中，主要为抖音小程序提供了 5 个入口，具体如下。

1. 视频播放界面

抖音电商运营者如果已经拥有了自己的抖音小程序，便可以在视频播放界面中插入抖音小程序链接，抖音用户只需点击该链接，便可以直接进入对应的链接位置。抖音小程序的特定图标为：。抖音用户只要看到带有该图标的链接，直接点击即可进入抖音小程序。

例如，在毒 App 的短视频播放界面中，抖音用户有时可以看到在该账号名称的上方会出现一个带有图标的链接，抖音用户点击链接之后，即可进入毒 App 抖音小程序某商品的详情界面，如图 10-1 所示。

2. 视频评价界面

除了在视频播放界面中直接插入抖音小程序链接之外，抖音电商运营者也可在视频评价界面中提供抖音小程序的入口。

例如，在抖音号猫眼电影发布的部分短视频中，抖音用户点击按钮，进入其视频评价界面，便可看到评价界面上方的小程序链接，如图 10-2 所示。抖音用户只需点击该链接，便可进入抖音小程序的对应位置。

图 10-1　视频播放界面中的抖音小程序入口

图 10-2　视频评价界面中的抖音小程序入口

3. 个人主页界面

个人主页界面中，同样也可插入抖音小程序链接。例如，在抖音号“毒App”的个人主页中，就有一个带有抖音小程序的链接。抖音用户点击该链接，便可直接进入其抖音小程序，如图 10-3 所示。

图 10-3　个人主页界面中的抖音小程序入口

4．最近使用的小程序

如果抖音用户近期使用过某些抖音小程序，这些小程序就会在最近使用的小程序中出现。那么，如何知道最近使用的小程序的位置在哪里呢？

抖音用户只需在❶处点击☰按钮，在弹出的菜单栏中，在❷处选择“小程序”选项，便可进入“小程序”界面，如图 10-4 所示。抖音用户只需点击点击抖音小程序所在的位置，便可直接进入其对应的抖音小程序界面。

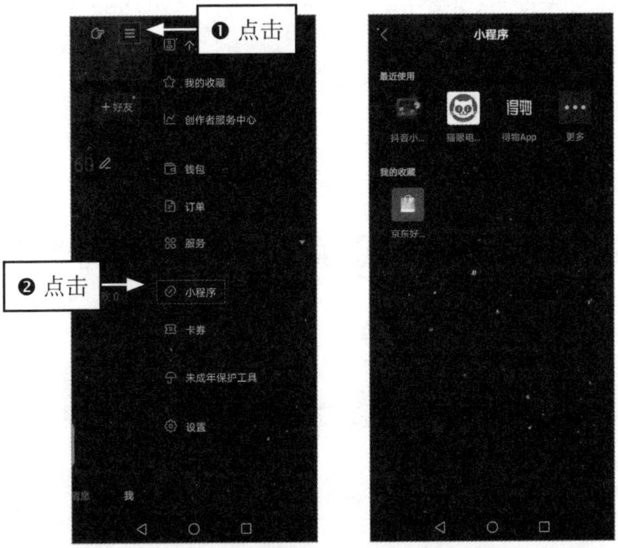

图 10-4　最近使用的小程序中的抖音小程序入口

5. 综合搜索界面

相比于去视频播放界面、视频评价界面和个人主页界面中一一查找，更多抖音用户可能更习惯于直接进行抖音小程序的搜索。例如，在综合搜索界面中，输入“小米有品”，然后点击搜索结果界面中“小程序”版块中的“小米有品”，便可进入该抖音小程序，如图 10-5 所示。

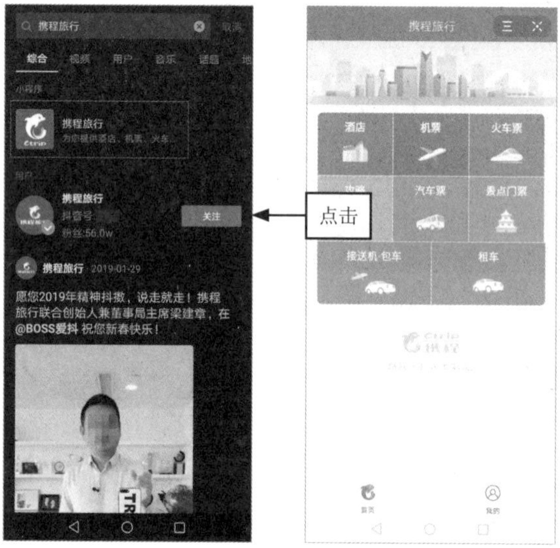

图 10-5　内容搜索界面中的抖音小程序入口

需要注意的是，目前已经发布的抖音小程序还不是很多。如果搜索的账号没有发布抖音小程序，在搜索结果中是看不到“小程序”版块的。因此，如果抖音用户要想通过这种方式进入抖音小程序，最好是在搜索前先确认对应的抖音小程序是否已经存在。

10.2 注册发布流程：快速拥有属于你的抖音小程序

抖音小程序无疑是一个营销的利器，那么，如何拥有一个属于自己的抖音小程序呢？下面就来为大家讲解抖音小程序的注册发布流程，让大家快速拥有属于自己的抖音小程序。

10.2.1 注册小程序账号

要想拥有一个抖音小程序，先要注册一个小程序账号。需要注意的是，不同注册主体的注册要求有所不同，抖音账号在注册小程序账号时，需要了解具体的主体注册规范。如图 10-6 所示为今日头条官方给出的小程序主体注册规范。

1.小程序主体注册规范

1.1 个人开发者

1.1.1 个人开发者原则上需要提交二代身份证正反面照片及个人手持身份证照片共三张；身份证需要保证上传页面包含有效期限，身份证有效期填写需与证件有效期保持一致

1.1.2 手持身份证须清晰可辨，不存在遮挡、模糊、镜像等情况

1.1.3 小程序开发者除提供身份证、手持身份证照片外，还需提供小程序服务类目相关资质

1.2 企业开发者

1.2.1 企业开发者除提供委托人（平台管理员）身份证正反面照片外，还需要提供年检内的企业营业执照副本照片

1.2.2 企业名称、企业执照注册号等须填写正确

1.2.3 企业执照不存在过期或存在经营异常、违法失信等情况

1.2.4 游戏行业除营业执照外，还需要游戏自审自查报告、计算机软件著作权登记证书、文化部备案信息等

图 10-6 小程序主体注册规范

了解了主体注册规范之后，抖音账号运营者便可以开始注册抖音小程序了。具体来说，抖音小程序的注册步骤如下。

步骤 01 进入字节跳动小程序开发者平台的默认界面，点击界面右上方的“快捷登录”按钮，如图 10-7 所示。

图 10-7 信息填写界面

步骤 02 操作完成后，弹出“快捷登录”对话框，在对话框中的 ❶ 处输入手机号和验证码；在 ❷ 处点击“登录”按钮，如图 10-8 所示。

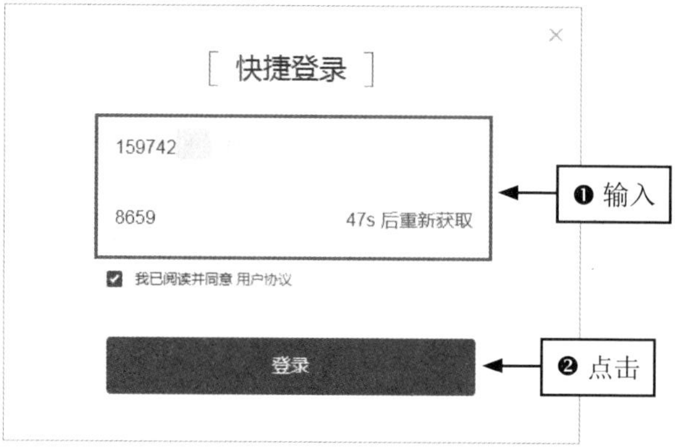

图 10-8 信息填写界面

步骤 03 操作完成后，进入“设置用户名”界面，在界面中输入开发者用户名；点击“确认”按钮，如图 10-9 所示。

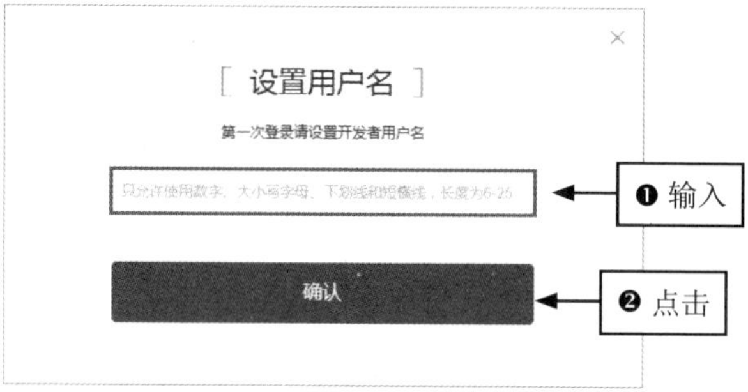

图 10-9 信息填写界面

步骤 04 操作完成后，进入如图 10-10 所示的“申请创建”界面，点击界面中的“申请”按钮。

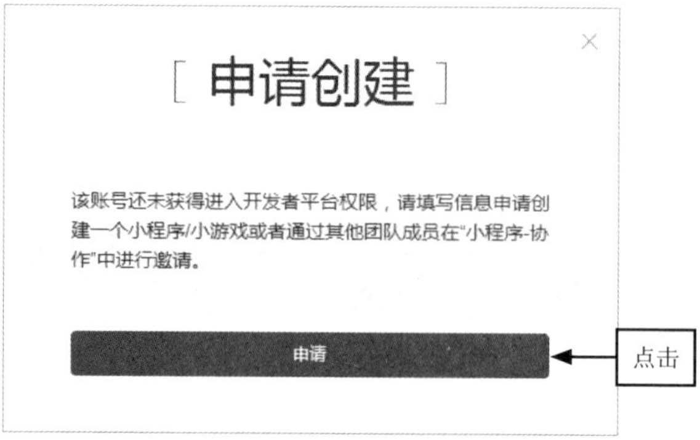

图 10-10 “申请创建”界面

步骤 05 操作完成后，进入如图 10-11 所示的申请资料填写界面，在该界面中填写相关信息，并点击界面下方的“申请”按钮。

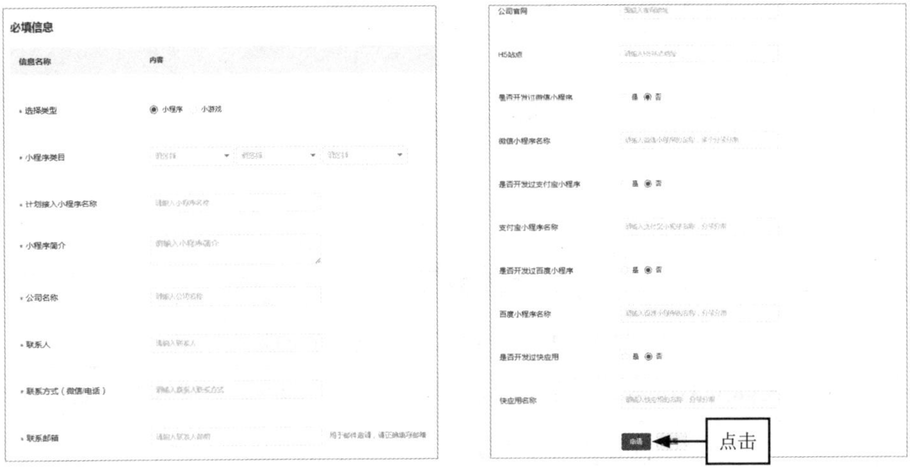

图 10-11　申请资料填写界面

申请提交之后，只需等待审核即可。审核通过之后，抖音运营者便完成了抖音小程序的注册。

10.2.2　创建抖音小程序

抖音小程序注册完成后，便可以开始进行抖音小程序的创建了，具体步骤如下。

步骤 01 进入字节跳动小程序开发者平台，点击创建小程序，进入如图 10-12 所示的“基本信息”界面。在该界面中填写相关信息，点击“下一步”按钮。

图 10-12　“基本信息”界面

步骤 02 进入如图 10-13 所示的“输入验证码”界面，在该界面中填写手机号和验证码，点击“下一步”按钮。

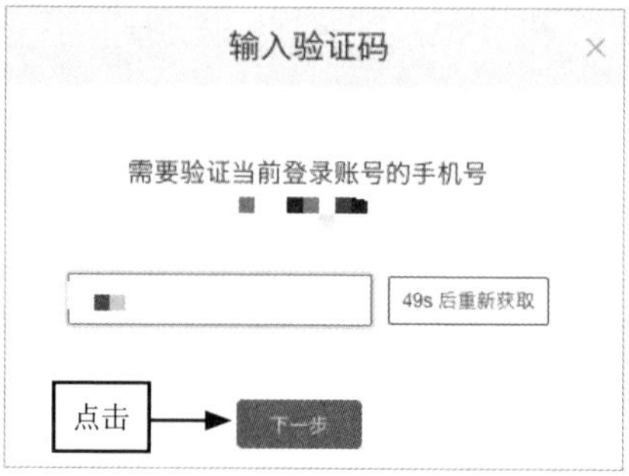

图 10-13 “输入验证码”界面

步骤 03 进入如图 10-14 所示的“小程序开发引导”界面，在该界面中如实填写相关信息，便可完成抖音小程序的创建。

图 10-14 “小程序开发引导”界面

比如，点击界面中“主体认证”后方的“去认证”按钮，便可进入如图 10-15 所示的“填写认证信息”界面。抖音账号运营者可以在该界面中填写相关信息，进行主体验证。

图 10-15 “填写认证信息”界面

10.2.3 小程序的开发前准备

抖音小程序的开发前准备主要分为 3 个部分，首先是在小程序开发者平台的“开发”界面中，进行小程序 Key、服务器域名和 webview 域名的设置，如图 10-16 所示。需要注意的是服务器域名和 webview 域名必须是合法的域名。

图 10-16 “开发”界面

其次是进入“协作”界面，点击对应位置的“添加”按钮，进行管理员和协作组的添加，具体如图 10-17 所示。

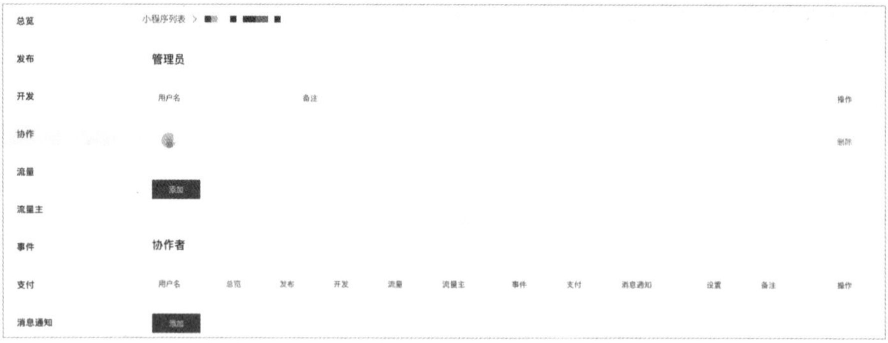

图 10-17　“协作”界面

最后是进入“支付”界面，在该界面中设置支付信息，并点击“开通支付”按钮，具体如图 10-18 所示。

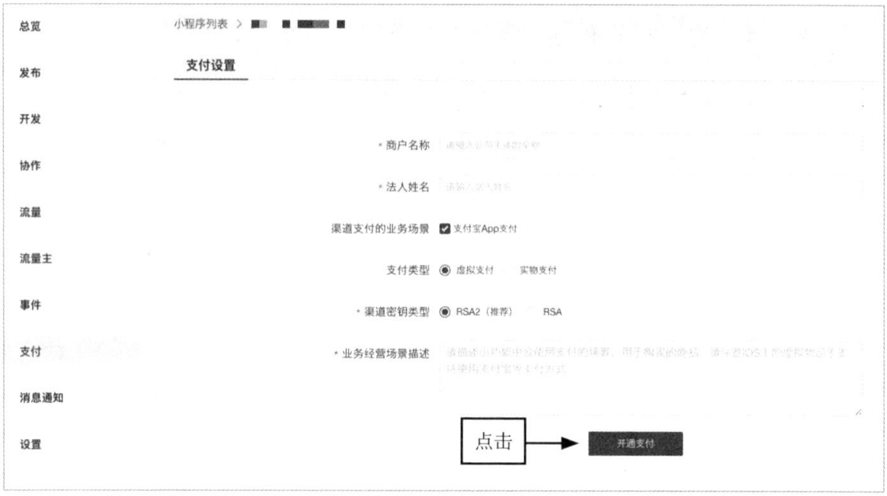

图 10-18　“支付”界面

10.2.4　小程序的开发与调试

小程序开发前的准备做好之后，接下来就可以进行小程序的开发与调试了。抖音账号运营者可以进入“字节跳动开发者文档 | 小程序”平台，进入“接入流程”版块的“开发与调试”界面。在该界面中，抖音账号运营者可以获得用于开

发与调试的开发者工具、官方开发文档和字节跳动开放社区论坛的相应信息，如图 10-19 所示。

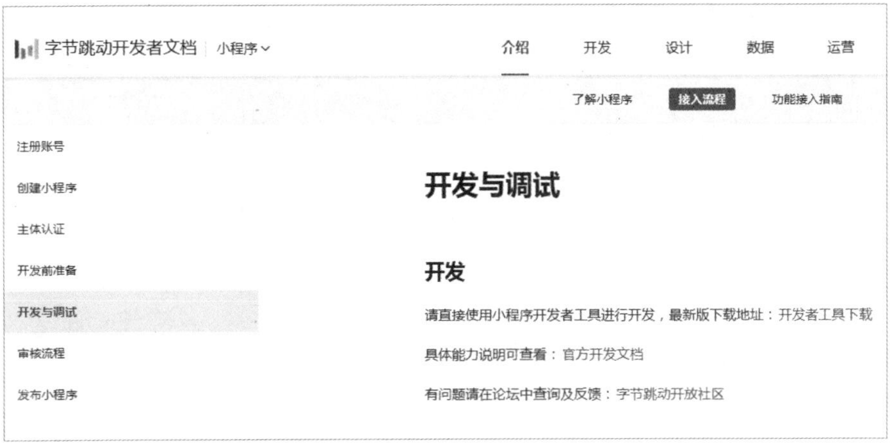

图 10-19 “开发与调试”界面

除此之外，抖音账号运营者还可以在“开发与调试”界面中查看抖音小程序的调试流程，具体如图 10-20 所示。

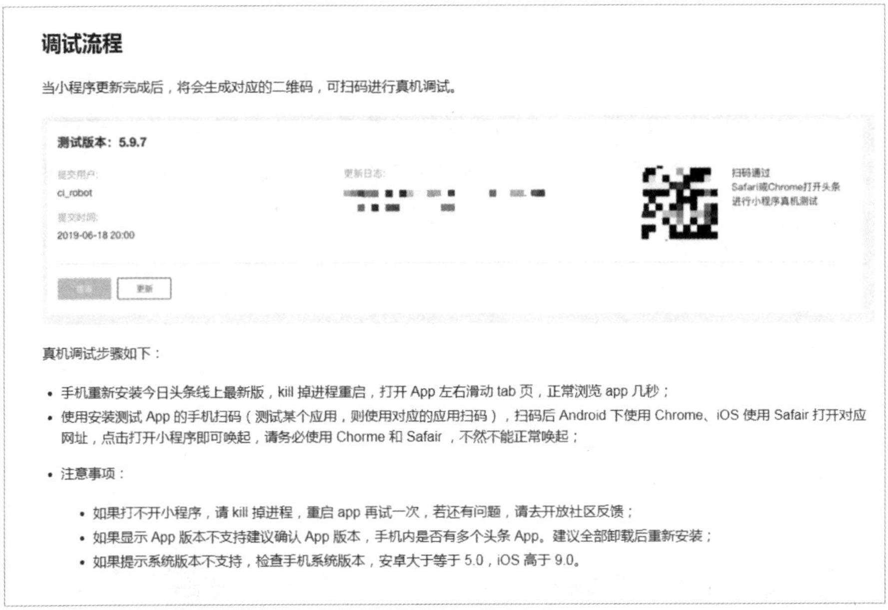

图 10-20 调试流程

10.2.5 小程序的审核流程

抖音小程序开发与调试完成后，便可以进入抖音小程序的审核流程了。抖音账号运营者需要先下载并登录“字节跳动开发者工具”平台，然后点击平台中的“上传”按钮，一键上传代码包，具体如图 10-21 所示。

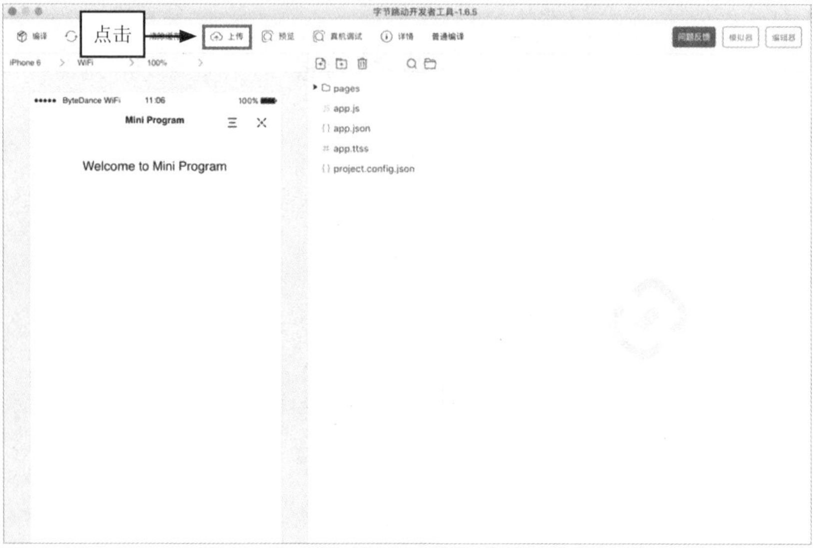

图 10-21 点击“上传”按钮

代码包上传完成后，登录字节跳动开发者平台，进入小程序开发者平台的“发布”界面。在该界面中可以看到上传的测试版本，点击版本所在位置的“提审”按钮，如图 10-22 所示。

图 10-22 点击“提审”按钮

提审之后，今日头条官方会在 1 ~ 2 个工作日内完成版本的审核。在此期间，抖音账号运营者可以查看审核的状态和结果。如果审核未通过，会显示未通过的原因；如果审核通过，便可以进行抖音小程序的发布操作了。

10.2.6 发布抖音小程序

抖音小程序的发布需要抖音账号运营者手动进行。审核通过之后，审核版本版块的“发布”按钮会变亮。抖音账号运营者可以点击该按钮，发布抖音小程序。

如果发布版本中未配置搜索关键词与分享内容，会弹出如图 10-23 所示的“确认发布”对话框。

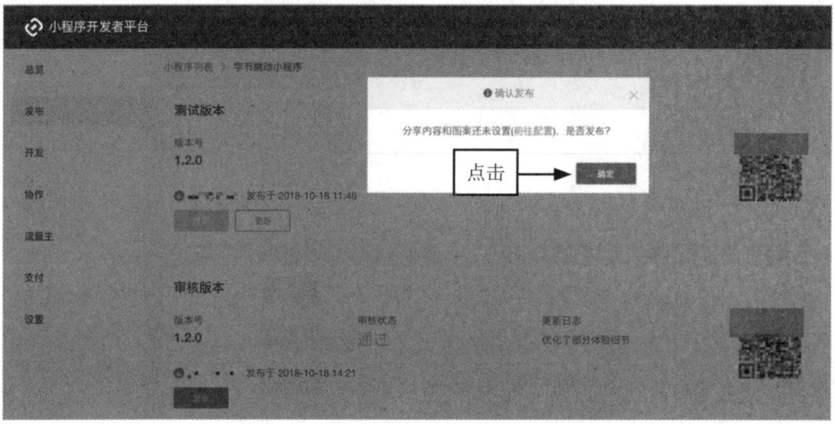

图 10-23　弹出“确认发布”对话框

点击“确认发布”对话框中的“确定”按钮，操作完成后，进入小程序开发者平台的“设置”界面。点击该界面中“搜索关键词”后方的“修改”按钮，具体如图 10-24 所示。

操作完成后，进入如图 10-25 所示的“关键词上传”界面。抖音账号运营者可以在该界面中输入关键词，然后点击后方的“提交”按钮进行设置。

除了“搜索关键词”之外，抖音账号运营者还可以点击“分享设置”后方的“修改”按钮，进入如图 10-26 所示的“分享设置”对话框中，输入分享文案，并点击“提交”按钮，进行分享设置。

图 10-24 “设置”界面

图 10-25 “关键词上传”界面

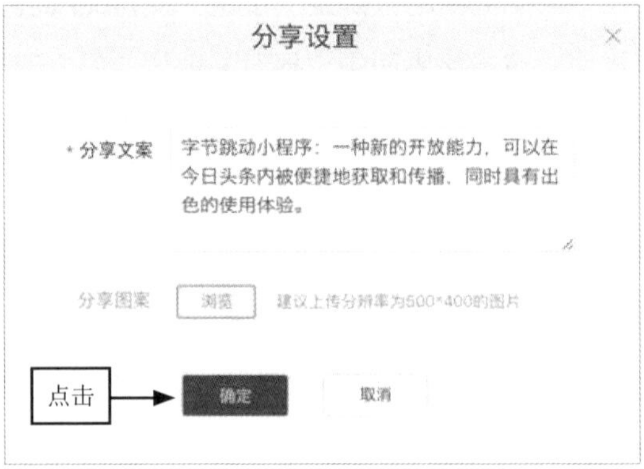

图 10-26 “分享设置”对话框

搜索关键词和分享设置完成后，点击“审核版本”版块的“发布”按钮，如果出现“线上版本”信息，就说明发布成功了，如图 10-27 所示。

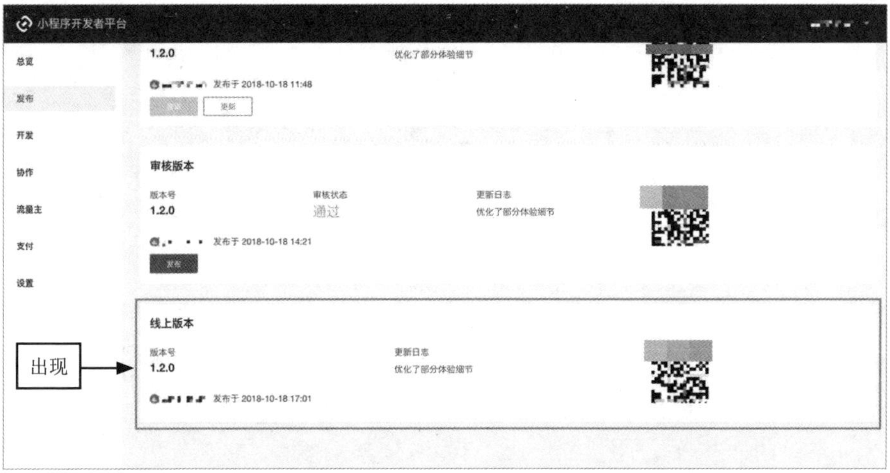

图 10-27　出现“线上版本”信息

抖音小程序上线之后，可在小程序列表中看到相应小程序的版本号，还可查看昨天访问次数、昨日打开次数和累积用户数，如图 10-28 所示。

图 10-28　查看版本号和相关数据

第 11 章

短视频带货：激发用户的消费欲望

虽然随着抖音短视频平台功能的不断增加，直播等功能也可以起到帮助卖货的作用。但是，抖音毕竟还是一个短视频平台，许多人主要还是用抖音来刷短视频。

因此，如果抖音账号运营者能够运用好抖音短视频，充分发挥其带货功能，刺激用户的消费欲望，便可获得比较可观的收益。

11.1 3 分钟销售 600 万，抖音短视频带货有哪些优势

2019 年“6・18”期间，李佳琦借助抖音短视频，创下了 3 分钟销售 600 万的佳绩。那么，抖音短视频带货有哪些优势，为什么可以创下这么好的销售数据呢？这一节就来进行分析。

11.1.1 强大流量创造的能力

从 2019 年 7 月的数据来看，抖音的日活跃用户超过 3.2 万，月活跃用户更是超过了 5 亿。如此庞大的活跃用户数，抖音平台的流量创造能力自然也是非常强大的。只要你在抖音平台发布的内容足够优质，就能获得非常可观的流量。

如图 11-1 所示的两条视频，发布时间虽然不过短短两天，但是，点赞量却达到了几十万，甚至是超过了一百万。由此不难看出这两条短视频获得的流量之大。而在如此强大的流量之下，只要抖音用户对产品有需求，产品的销量自然差不了。

图 11-1　获得强大流量的短视频

11.1.2　粉丝经济独特黏性带来的转化率

粉丝经济是指通过粉丝关系的构架，进行经营性创收的行为。很多人在购买商品时，都会听取自己信任的人的意见，或者是在自己信任的人的店铺中购买。所以，如果通过抖音账号的运营，获取抖音用户的关注和信任，便可在粉丝经济的支撑下获得一定的收入。

抖音用户对于自己关注的抖音号本来就会比较信任，再加上抖音官方的支持，粉丝经济带来的转化率就会更高一些。具体来说，抖音官方对于粉丝经济的支持主要可以分为两个方面，一是抖音用户关注的账号发布的短视频内容会获得优先推送；二是抖音用户关注的账号，会在视频中显示“你的关注”的字样。

如图 11-2 所示的视频中，便显示了“你的关注”的字样。看到这个字样之后，抖音用户就明白这是自己关注的抖音号发布的内容。而抖音用户对于自己关注的抖音号通常又比较信任，所以，只要对产品有需求，抖音用户会更愿意点击视频中的购买链接，下单购买。

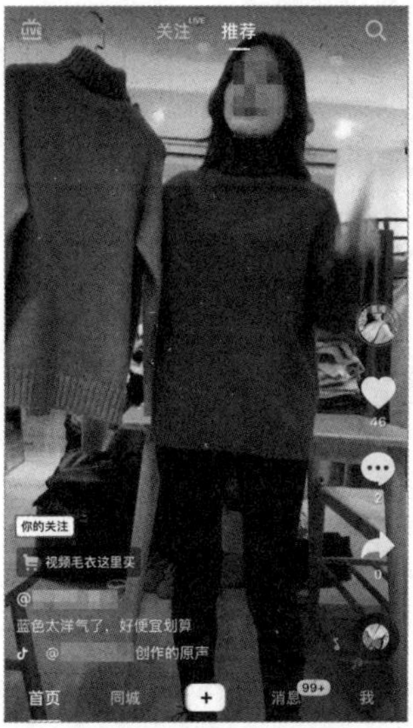

图 11-2　显示“你的关注”

11.1.3 属于短视频的标签化互动性

借助短视频内容的长期输出，抖音账号运营者可以打造标签化的 IP。而这种标签化的口碑又在抖音用户心中有较强的号召力，因此可以有效地刺激抖音用户的购买欲望，提高产品的转化率。

例如，李佳琦号称“口红一哥”，他不仅在抖音主页中明确地展示“口红一哥”这个标签，而且还通过与马云 PK 销售口红的短视频，巩固了“口红一哥”这个标签，如图 11-3 所示。正是因为如此，李佳琦在许多人心中成了口红方面的权威，许多抖音用户在购买口红时都会参考李佳琦的意见，甚至会直接在李佳琦的店铺中购买口红。

图 11-3 李佳琦的抖音主页和发布的短视频

抖音短视频具有很强的互动性，许多抖音用户会积极在评论区与抖音号运营者进行互动。比如，李佳琦在短视频中很喜欢说“OMG”，而抖音用户也会用这句口头禅来进行评论，如图 11-4 所示。这种评论不仅看上去非常有趣，而且极具个人风格，对李佳琦也是一种变相的宣传推广。

图 11-4 用李佳琦的口头禅进行评论

11.2 短视频营销，抖音账号如何才能做到带货盈利

对于许多抖音账号运营者来说，运营的关键就在于通过短视频营销进行带货盈利。那么，如何才能通过短视频营销让带货盈利获得更好的效果呢？这一节就给大家支 5 个招。

11.2.1 选择合适的产品，才能增加转化和带货

抖音运营者通过抖音引流卖货时，需要针对自己的粉丝特点提供精准的商品，这样才能获得更多收益。

1. 高毛利

因为抖音等短视频平台并不是真正意义上的电商平台，因此用户的购物需求并不旺盛，他们在抖音上买东西更多时候是一时兴起。因此，抖音运营者要尽可能围绕消费者诉求找一些高单价、高毛利的产品，这样才能够保证自身的利润。

在选择货源方面，建议抖音运营者无论想卖什么，或者在卖什么，都一定要

选择正品货源。然后是品类定位，建议抖音运营者选择自己喜欢的产品去做，一般都不会差。因为你喜欢这款产品，所以自然而然地也会全心而入地去经营这款产品。

销售额 = 单价 × 成单量。而利润又与销售额直接挂钩，所以，这两个变量很重要。薄利多销并不适合刚起步做“抖商”的朋友，因为无论是出于经验还是资源考虑，都不可能短时间获得大量的订单，所以就要控制合理的“高”单价，然后通过其他的附加福利，辅助自己的销售。

2. 复购高

前面说了短视频的定位并不是卖货，因此抖音运营者应选择一些复购率较高的产品，吸引用户长期购买，提升老客户黏性，避免付出过高的引流成本。

成功的抖音运营者大部分利润都是来自老客户的，所以抖音运营者要不断提升产品竞争力、品牌竞争力、服务竞争力和营销竞争力，促进客户的二次购买，甚至实现长期合作。

要做到这一点，关键就在于货源的选择。抖音运营者必须记住一句话，那就是“产品的选择远远大于盲目的努力”，因此要尽可能选择一些能够让粉丝产生依赖的货源。

3. 用户刚需

精准的掌握用户刚需，牢牢把住市场需求，这是所有抖音运营者都必须具备的敏感技能。任何商品最后都是需要卖出去，只有将商品卖给客户，才能换得他们口袋里的钱。

那么，他们为什么要买你的产品呢？最基本的答案就是，你的产品或服务能够满足他的需求，解决他面临的难题、痛点。例如，共享单车的出现，解决了人们就近出行的刚需难题，因此很快就火爆起来。

刚需是刚性需求（Inelastic Demand）的简称，是指在商品供求关系中受价格影响较小的需求。从字面可以理解，“刚需”就是硬性的，是人们生活中必须要用的东西。对于抖音运营者的产品选择来说，只有将用户痛点建立在刚需的基础上，才能保证用户基数足够大，而不是目标人群越挖越小。

11.2.2 抖音带货短视频的 6 大拍摄技巧

抖音短视频之所以能够如此火爆，是由于其拥有强大的社交传播能力和广告带货能力。而抖音这两个能力的大小，又是由自身的平台基因和用户的状态决定的，如用户在抖音上是放松、随机和无意识的状态，这种情况下非常容易被动接受广告主的植入信息。

因此，抖音运营者想拍出一个具有广告带货能力的短视频，还需要掌握一些拍摄技巧，将广告巧妙地植入，让用户愿意看完你的短视频。

1. 创意产品，展示神奇功能

如果你的产品本身就很有趣味和创意，或者自带话题性，则不需要绕弯子，可以直接用抖音来展示产品的神奇功能。

例如，下面这个视频中，视频运营者通过语音询问的方式，向抖音用户展示了苹果手机中 Siri 的强大功能，如图 11-5 所示。因此，许多抖音用户在看到这些神奇功能之后，就会觉得苹果手机确有过人之处，而这便给了抖音用户一个购买苹果手机的理由。

图 11-5 展现产品的神奇功能

总的来说，如果你的产品已经做得很有创意并且功能新颖，可以方便随时做展示，那么则可以在抖音上直接展示做营销推广。例如讯飞语记 App，在抖音上直接展示了 App 的重要功能，将语音转化为图片。

这种营销方法非常适合一些电商商家，尤其一些用法比较独特的商品，比如给厌食的宝宝做好玩饭团的工具、手机壳和自拍杆融为一体的“聚会神器”、会跳舞的太阳花等，都是由一个视频引发出的电商爆款，让产品成为热销品。很多新品上市的时候都有自己的卖点，想传达某一个产品的特色。抖音上有很多达人，他们有自己独特的风格，能把企业的卖点充分展现出来。

2. 放大优势，便于受众记忆

那么，对于一些功能没有太多亮点的产品怎么办呢？可以就产品的某个或某几个独有的特征，尝试用夸张的方式呈现，便于受众记忆。其实原理与上一节介绍的方法的本质基本相同，都是展示产品本身，不同之处在于：“展示神奇功能”只是简单的展示该功能本身的神奇之处，而“放大优势”则是在已有功能上进行创意表现。

例如，如图 11-6 所示的短视频中，刚开始视频中的男士是一个有些邋遢的大叔形象，而使用了某面膜之后，不仅脸上的皮肤状态看上去好了很多，而且发型和着装等也变得非常时尚，整个人看上去成了一个帅气的小伙。

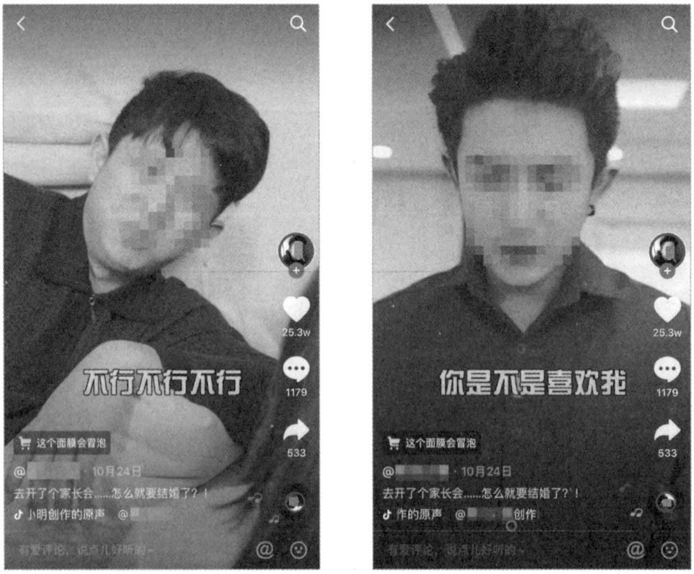

图 11-6　用夸张的手法展现产品的特色

通过视频前后的对比，抖音用户会觉得使用该面膜能给人加分不少，甚至于会将造型和穿着的加分也归功于该面膜的使用。这样一来，该面膜的优势便得到了放大，而抖音用户心中也对其留下了深刻的印象。

3. 策划段子，刺激购买需求

抖音运营者在策划短视频广告的内容时，可以围绕产品本身的功能和特点，结合创意段子，对常见的产品功能进行重新演绎，打造形式新颖的短视频内容，刺激抖音用户的购买需求。

如图 11-7 所示的短视频中，就是通过前男友结婚要去参加婚礼的段子。一般来说对于这种情况，女生都希望自己能更漂亮一些，甚至要比新娘更漂亮，让自己的前男友后悔去。于是该视频中就让模特穿上需要销售的产品，让抖音用户看到穿上后的良好效果，从而刺激购买需求。

图 11-7　创意短视频段子

4. 分享干货，产品使用技巧

知识干货类内容在抖音上非常受欢迎，因为这类短视频由于讲解清晰，粉丝用很短的时间即可掌握，所以大家都乐于点赞和分享。例如，OPPO 手机就经常在抖音官方账号上发布一些干货类短视频，同时植入产品的各种使用方法，如图 11-8 所示。

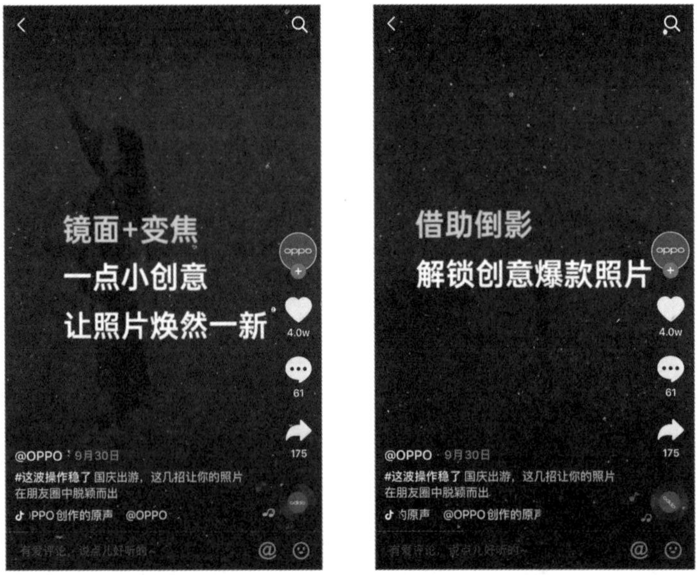

图 11-8　OPPO 手机的摄影干货小视频

通过干货性质的短视频内容，观众能够学到一些具有实用性和技巧性的生活常识和操作技巧，从而帮助他们解决平时遇到的一些疑问和难题。基于这一点，也决定了创作者在短视频内容运营方面是专业的，其内容也是能够接地气的，带来的是实实在在的经验积累。

5. 场景植入，恰当露出品牌

所谓的场景植入也很容易理解，就像我们看电视剧或者电影的时候，在画面中人物角色的背景出现的广告和产品。所以场景植入可以理解为在拍一个搞笑或者娱乐类的抖音视频时，在人物的旁边出现一个要宣传的产品或者产品 LOGO 等，这样也可以起到一定的宣传效果。

场景植入有点像传统广告的植入，就是在视频中的场景进行恰当的品牌露出，让用户记住你家的产品。比如，一个生活小窍门或某个搞笑片段，在场景中悄悄做了植入——如桌角放产品、背后有品牌 LOGO 或者背景有广告声音等。

如图 11-9 所示的视频中，格力虽然并没有直接给出产品购买链接，但却借助场景，在合适的时候露出了“格力”“格力晶弘”等 LOGO。这种做法营销痕迹相对较轻，因此，抖音用户接受度相对来说是比较高的。

6. 口碑营销，展示用户体验

产品好不好，不一定要企业自己来说，企业完全可以在抖音上展示用户体验和产品口碑，从侧面呈现销量的火爆。为了更好地呈现产品口碑，企业可以在抖音展示消费者排队抢购、消费者的笑脸、店铺中的各种优质服务以及被消费者打爆的预约电话等场景画面。

图 11-9　在视频中露出品牌 LOGO

例如，广受年轻人欢迎的海底捞就利用视频做口碑营销。视频中经常晒出在海底捞可以享受很多优质服务，甚至还有一些隐藏的服务项目，如图 11-10 所示。这种视频似乎就是在提醒消费者："我们是一家网红火锅店，大家都说服务好，你不来体验一下吗？"

如果抖音运营者希望自己的受众人群，播放、点赞的人数较多，建议可以通过这种形式展现：封面一定要会借力，然后标题写得要有吸引力。做到这些，相信你的作品会很快火爆起来。切记：视频中不得含有任何负面内容！

图 11-10　海底捞的短视频口碑营销

11.2.3　与头部达人合作，借成熟 IP 进行制作与分发

随着近年来短视频的不断发展，抖音开始成为国内的重要社交平台，甚至也成为一个重要的购物平台，正是因为如此，越来越多人开始通过抖音号的运营来进行商业经营。于是，抖音平台上开始出现了一些拥有成熟 IP 的头部账号。

例如，有一个丽江石榴哥的抖音号，该账号的运营者金国伟之所以被称为“石榴哥”，就是因为其通过流利的外语向外国友人推销石榴而走红。走红之后的金国伟并没有向大多数网红一样，什么东西好卖，就卖什么，而是立足于为抖音用户提供价廉质优的农特产品。

也正是因为如此，许多抖音用户都认为金国伟非常实在，值得信任。于是，很多抖音用户都关注了他。而丽江石榴哥这个账号也在短短 1 年多时间内积累了 600 多万粉丝，如图 11-11 所示为该抖音号的主页。

600 多万粉丝，而且粉丝又比较信任。因此，丽江石榴哥自然而然就成为农特产品行业的一个抖音头部账号。这样一个抖音号制作和分发的短视频内容显然会比一般抖音号发布的内容更具号召力。

所以，如果抖音账号运营者运营的账号影响力比较有限，又想快速将产品销售出去，那么，不妨与行业内的头部账号寻求合作，借助头部账号的影响力，达成自身的目标。

图 11-11　丽江石榴哥的抖音主页

例如，一位销售橙子的老太太便是借助丽江石榴哥的影响力，在丽江石榴哥的抖音号中发布了多条短视频，如图 11-12 所示。这显然就是通过与头部达人合作制作和分发内容，而其获得的宣传推广效果也是比较好的。视频发布不过短短十几天时间，相关视频的点赞量便超过了两万，这也为这位老太太的橙子销售带来了很多机会。

图 11-12　与头部达人合作制作和分发内容

11.2.4 制作带货短视频，兼顾传统短视频传播需求

传统短视频之所以能够快速获得传播，可能是因为销售的产品价格比较优惠、功能比较实用。抖音运营者在制作带货视频时，也可以兼顾这些传播因素，更好地满足抖音用户的需求，促进视频的传播和产品的销售。

1. 价格优惠

在购买商品时，绝大部分人都会将价格作为重要的参考因素，而且大多数人都有贪便宜的心理。因此，如果你销售的产品价格比较优惠，那么，抖音用户自然会更愿意购买。

如图 11–13 所示的两条短视频中，其中一条短视频明确表示“便宜卖”，另一条视频则是通过原价和现价的对比，突出价格的优惠力度。这两条短视频显然就是以价格优惠作为卖点进行卖货的，如果抖音用户觉得其价格确实优惠，那么，视频会更容易获得关注，甚至会点击链接进行购买。

图 11–13 通过优惠价格带货

2. 实用功能

除了优惠的价格之外，功能的实用性也是消费者的关注重点之一。针对这一点，抖音用户可以在短视频中展示产品的操作方法，如图 11–14 所示。如果抖音

用户觉得产品功能实用，操作方便、简单。那么，就会认为该产品是对自己有用处的，是值得购买的。

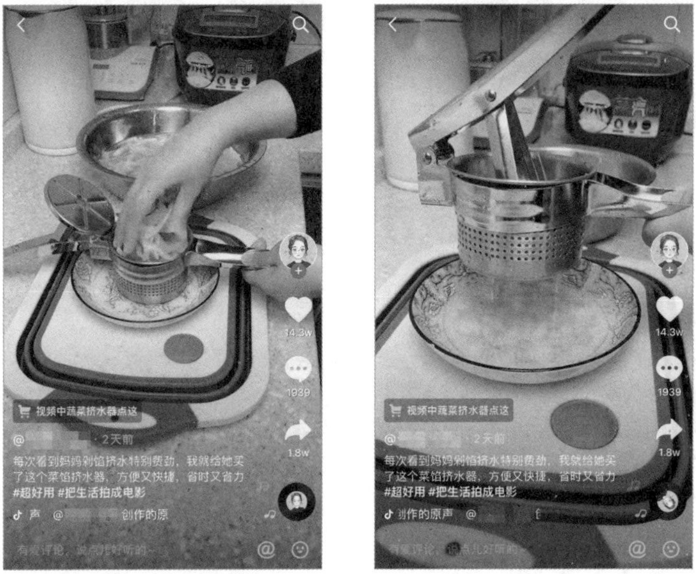

图 11-14　通过实用功能带货

11.2.5　短视频带货，你所不知道的新玩法

随着抖音平台的不断发展，抖音短视频带货的玩法也变得越来越丰富。这一节，笔者就来为大家重点介绍 3 种抖音短视频带货的新玩法。

1. 展现生产场景

在抖音上直接购买商品属于网购的一种，而许多人又有不太好的网购体验，因此，许多抖音用户在抖音上购买商品时，会有一些疑虑。如果是价格比较低的产品，可能抖音用户还会抱着试一试的心态下单购买。但是，如果产品的价格比较高，那么，抖音用户就会比较慎重了。

面对这种情况，抖音账号运营者可以通过展现生产场景的方式，让抖音用户觉得产品值那个价，从而放心购买短视频中的产品。

如图 11-15 所示的短视频中销售的毛衣价格是比较高的，一般人看到价格之后可能会望而却步。于是，该视频中直接将毛衣的生产过程展现出来，让抖音用户明白，视频中的毛衣都是手工一针一针地织出来的，毛衣的质量是比较有保障的、毛衣是值这个价格的。

图 11-15　展现生产场景的短视频

2. 原产地采摘产品

抖音用户购买产品的关注点会因为产品的种类而出现一定的差异。对于一般的产品，大多数抖音用户可能会比较关注价格。对于一些实用频繁的产品，抖音用户可能会比较关注产品的耐用程度。而对于一些新鲜的产品，如生鲜类产品，抖音用户可能会比较关注产品的新鲜程度。

那么，如何告诉抖音用户，你销售的产品是非常新鲜的呢？其中一种比较有效的方法就是用短视频呈现产品的原产地，甚至直接呈现在原产地采摘产品的场景。这样抖音用户看到之后就会觉得你的产品是在原产地采摘之后直接发货的。

如图 11-16 所示的短视频中，呈现的是一个人在展示自家种植的菠萝，讲着讲着这个人还会当场采摘一颗菠萝。再加上视频中有一片种植菠萝的田地，看上去菠萝的产量还挺高的。因此，抖音用户在看到这个视频之后，就会觉得这家的菠萝不仅是原产地直接采摘，而且产量大，为了保证口碑，产品的质量应该不会差。这样一来，抖音用户自然会更愿意购买这家的菠萝了。

图 11-16　原产地采摘产品的短视频

3. 欲扬先抑

绝大多数卖家在销售产品时，可能会将产品的各种优势进行夸张的宣传。好像自己的产品没有一点不足似的。然而，大家都知道没有产品是完美的，所以，当看到卖家推销的各种产品优势之后，就会觉得卖家可能是在故意掩盖产品的缺点。因此，如果卖家只是单纯地展示产品的优势，很多抖音用户看到之后可能会有些反感，甚至直接选择划过。

针对这种情况，一部分卖家找到了一种卖货新玩法，那就是采用欲扬先抑的方法，先贬低产品，显示产品的不足，然后再进行转折，让抖音用户看到产品的优势。因为这种方法有些反常规，而且对产品的缺点也有说明，所以，抖音用户更容易被营销内容吸引，也更容易相信营销内容。

如图 11-17 所示的短视频中，抖音账号运营者先是在视频标题的前半部分中说“千万不要买这个垃圾玩意”，但却在视频中展示产品“看起来很大”“吸水能力也强”等优势，此时，再结合标题的后半部分“因为你会把以前的浴巾统统扔掉！”就让人会觉得这款浴巾确实是比较值得购买的。

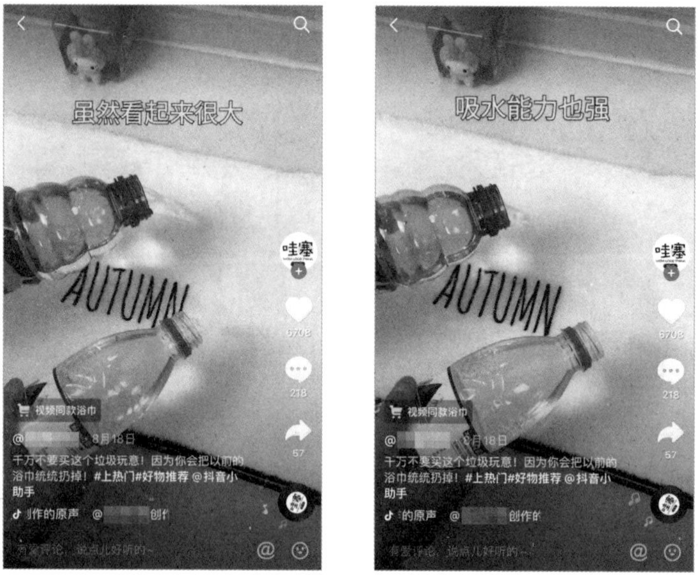

图 11-17　欲扬先抑的短视频

第12章

广告变现：每个红人都有变现机会

如果抖音账号运营者不想通过卖货变现，或者觉得账号不适合通过卖货进行变现。那么，不妨试一试通过接广告进行变现。

广告变现为每个红人提供了变现的机会。只要你积累了足够的粉丝，就能通过各大抖音广告投放类平台，接投放任务，直接实现变现。

12.1 广告投放：达人接广告，为品牌定制内容

抖音变现的方式有很多，除了通过卖货获取收益之外，账号运营者还可以通过接广告，为品牌或企业提供定制内容的方式实现变现。这一节就来重点讲解抖音广告投放和变现的相关内容。

12.1.1 什么是抖音短视频广告

抖音短视频广告，顾名思义，就是借助抖音短视频平台进行的广告宣传和推广。具体来说，抖音短视频广告主要分为 3 种形式，即开屏广告、信息流广告和话题挑战活动广告，具体如图 12-1 所示。

图 12-1 抖音短视频广告的主要形式

开屏广告就是打开抖音短视频之后就能看到的广告。这种广告的呈现形式非常直接，抖音用户进入抖音短视频平台的第一眼就能看见，因此，对于产品和活动的展示可以起到不错的效果。当然，如果抖音用户不想看，也可以点击界面右

上方的“跳过广告”按钮，直接跳过。

信息流广告是以短视频的形式发布的广告形式，这类广告的文案后方会出现“广告”字样。如果抖音用户对广告内容比较感兴趣，也可点击界面中的“查看详情”按钮，了解广告的具体情况。

话题挑战活动广告就是通过组织话题挑战活动的方式，对品牌及品牌旗下的产品进行宣传推广。品牌运营者可以在话题挑战活动中发布示范短视频，告诉抖音用户怎样参与活动，并在短视频中适当对品牌及产品进行宣传推广。这类话题挑战活动为了刺激消费者积极参与，通常需要设置一些活动奖励，因此，往往需要投入一定的广告成本。

12.1.2　如何预约广告顾问咨询

如果品牌运营者需要在抖音短视频中投放广告，不妨先预约广告顾问咨询，了解广告投放的详情。那么，具体如何进行预约呢？具体操作如下。

步骤 01　在微信 App 中搜索并进入抖音广告助手公众号，点击该公众号介绍界面中的“关注公众号”按钮，如图 12-2 所示。

步骤 02　选择抖音广告助手公众号菜单栏中“合作咨询”的“广告投放”选项，如图 12-3 所示。

图 12-2　点击“关注公众号”按钮

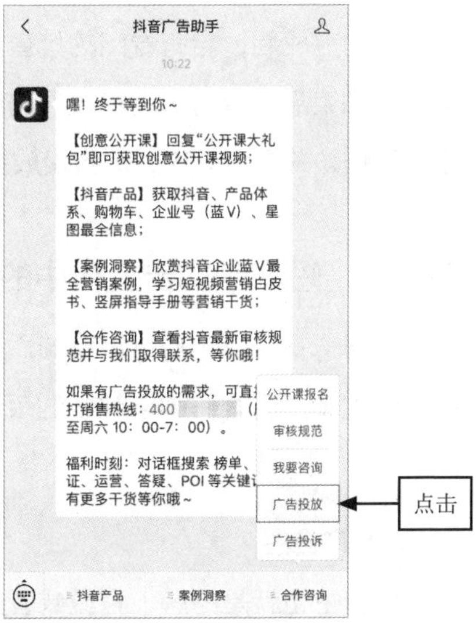

图 12-3　选择“广告投放”选项

步骤 03 进入“抖音广告投入”界面，点击界面中的“立即预约咨询”按钮，如图 12-4 所示。

步骤 04 进入预约广告顾问咨询顾问界面，在界面中填写相关信息，并点击下方的“预约顾问咨询”按钮，如图 12-5 所示。操作完成后，即可完成抖音广告顾问咨询的预约。

图 12-4 点击“立即预约咨询”按钮

图 12-5 点击“预约顾问咨询”按钮

预约完成后，会有专门的抖音广告咨询顾问打电话过来介绍广告投放的相关信息。如果品牌运营者有投放广告的需求，只需根据广告咨询顾问的介绍，进行相关操作，并支付对应的广告投放费用，便可以实现抖音广告的投放。

12.1.3 短视频广告合作中的 3 种角色

抖音运营者要想通过短视频广告来赚钱，就必须清楚它的基本组成角色和流程。短视频广告合作中所涉及的角色主要包括广告主、广告代理公司以及短视频团队。

1. 广告主

广告主也就是品牌、企业或者商家等有推广需求的人或组织，是广告活动的发布者，或者是销售或宣传自己产品和服务的商家，同时也可能是联盟营销广告的提供者。通俗点说，广告主就是出钱做广告的人。

近年来，在视频移动化、资讯视频化以及视频社交化的趋势带动下，加速了移动短视频的全面井喷爆发，同时也让流量从 PC 端大量流入移动端。短视频广告不仅投入成本比传统广告更低，而且覆盖的人群也更加精准，同时植入产品的成长性更强，可以有效触达品牌受众。因此，为品牌宣传采用定制化的短视频广告，成了广告主采购时的标配。

（1）智能技术定制。娇韵诗品牌联合抖音制作魔力控水创意贴纸，邀请各种类型的抖音达人如张欣尧、露啦嘞、Rita 姐 _ 白彦翮等，通过各种魔术般的炫酷技术、转场和效果对比等，在不同场景下，充分演绎产品超强控水的特性。

（2）挑战赛。通过挑战赛话题的圈层传播，吸引更多用户的参与，并有效将用户引导至天猫旗舰店，形成转化。

2. 广告代理公司

广告代理公司扮演了一个非常专业的角色，能够为广告主提供定制化的全流程广告代理服务，同时拥有更多的广告渠道资源和达人资源，能够制作精美的、贴合品牌调性的短视频广告。

当然，在短视频广告变现流程中，广告代理公司的角色是可有可无的，因为广告主可以直接和达人对接，能够节省大量的广告费用，同时达人也能够获得更多收益。但是，很多大型企业和大品牌仍然会选择广告代理公司来合作，不仅仅是因为他们的渠道和资源优势，而且他们的渠道管理能力和视觉包装能力也是小团队不能比的。

广告代理公司通常会实行集中化和标准化运作，在整体规划下进行专业化分工，使复杂的短视频广告业务简单化，以提高经营效益。

3. 短视频团队

短视频团队是短视频广告变现最终的“落地者”，他们肩负了策划拍摄、内容制作、后期剪辑等一系列短视频创作工作，对短视频广告的曝光和转化产生直接的影响作用。

对于短视频团队这个角色来说，他们不仅仅只是为广告主拍摄广告视频，而且要本着为粉丝提供优质内容的心态，这样才能吸引到粉丝的关注和参与，内容才是短视频的真谛。而这些被内容吸引过来的粉丝，就是短视频团队的财富。短视频团队只有转变传统的广告思维，注重内容，注重用户体验，才能让粉丝的痛点和广告主的宣传需求完美结合起来，打造出高转化的短视频广告作品。

优秀的短视频团队除了知名度较高的一条、二更和三感团队外，还有陈翔六点半团队（代表作《陈翔六点半》）、罐头场团队（代表作《日食记》）、即刻视频团队（代表作《使馆主厨》）、罐头视频团队（代表作《罐头小厨》）、蜂群影视团队（代表作《一杯》《我的前任是极品》），这些短视频团队共同鲸吞了行业 90% 的广告收入。

例如，蜂群影视团队如今已扩张到 500 多人，围绕泛生活领域打造强大的短视频矩阵，如一杯、麦馆、汤店等美食类账号，那些不敢说的秘密、小学生看世界等泛娱乐类账号，金融理财类和英语教育类等也都有所涉。

12.1.4　短视频广告合作的变现流程

在短视频领域中，对于那些拥有众多粉丝的账号和达人来说，广告是最简单直接的变现方式，他们只需在自己的平台或短视频内容中植入广告主的广告，即可获得一笔不菲的收入。

1. 短视频广告合作的变现方式

广告变现是短视频盈利的常用方法，也是比较高效的一种变现模式，而且短视频平台的广告形式可以分为很多种，比如冠名广告、浮窗 LOGO、植入广告、贴片广告以及品牌广告等。创意植入广告可以说是短视频创作者直接可见的变现手段，一是收入快，二是有新意。

当然值得注意的是，各大短视频平台运营水平参差不齐，极大地影响了变现的效果。那么，究竟怎样的运营方式才能实现广告变现呢？笔者认为一是要有一定的人气基础，二是植入广告的内容要求优质，如此才能实现广告变现的理想效果。下面分别介绍短视频平台常见的广告变现方式，如图 12-6 所示。

2. 短视频广告合作的基本流程

短视频广告合作的基本流程如图 12-7 所示。

- 冠名广告 → 指的是运营者在平台上策划一些有吸引力的短视频或挑战赛活动，并设置相应的活动赞助环节，以此吸引一些广告主的赞助来实现变现。这种广告变现的主要表现形式有3种，即片头标板、主持人口播和片尾字幕鸣谢。
- 植入广告 → 指短视频创作者在视频内容中软性植入广告的形式。它一般在短视频里不会介绍产品，直白地夸产品有多好的效果，而是选择将产品渗入视频情节中去，在潜移默化中将产品信息传递给观众，从而让他们更容易接受产品。
- 品牌广告 → 即以品牌为中心，为品牌和企业量身定做的专属广告。这种广告形式从品牌自身出发，完全是为了表达企业的品牌文化、理念而服务，致力于打造更为自然、生动的广告内容。这样的广告变现更为高效，因此制作费用也相对较高。
- 贴片广告 → 即通过展示品牌本身来吸引大众注意的一种比较直观的广告变现方式。这一广告变现形式主要出现在推送的视频内容中，且一般出现在片头或者片尾，紧贴着视频内容。

图 12-6　常见的短视频广告合作变现方式

- 预算规划 → 广告主进行广告预算规划，选择广告代理公司和短视频团队，进行沟通意向。
- 价格洽谈 → 广告主明确表达自己的推广需求，根据广告合作形式、制作周期以及达人影响力等因素与合作方商谈价格。
- 团队创作 → 广告主需要和短视频团队充分沟通品牌在短视频中的展现形式，以及确认内容、脚本和分镜头等细节创作。
- 视频拍摄 → 短视频团队在实际拍摄过程中，广告主或代理公司需要全程把控，避免改动风险，抓牢内容质量。
- 渠道投放 → 将制作好的短视频投放到指定渠道，吸引粉丝关注，并进行效果量化和评估等工作，以及后期的宣传维护。

图 12-7　短视频广告合作的基本流程

12.2 星图平台：用优质有趣的内容吸引更多客户

星图平台是一个用优质有趣内容吸引更多客户的抖音广告平台。无论是抖音达人，还是品牌主都可以通过该平台接广告或投放广告。

12.2.1 星图平台的优势有哪些

相比于其他短视频广告平台，星图平台拥有众多独特优势。这主要体现在以下 3 个方面。

一是星云平台作为抖音唯一官方渠道，广告投放任务会进行公开报价，提供的数据也比较权威，所以，相对来说是比较可靠和有保障的，如图 12-8 所示。

图 12-8　平台可靠、有保障

二是星图平台实现了 TOP 达人的全覆盖，并将达人进行了分类，如图 12-9 所示。品牌主可以据此选择更合适的抖音达人进行广告投放。

图 12-9　实现 TOP 达人全覆盖

三是星图平台通过达人明星资源聚集、认证 MCN 达人管理、优质内容输出和影响力持续加热，可以让营销变得更简单，如图 12-10 所示。

图 12-10　让营销更容易

12.2.2　达人如何入驻星图平台

抖音达人要想借助星图平台接广告变现，还得先入驻该平台。那么，抖音达人要如何入驻星图平台呢？具体操作如下。

步骤 01　进入星图平台，点击默认界面中的“登录”按钮，如图 12-11 所示。

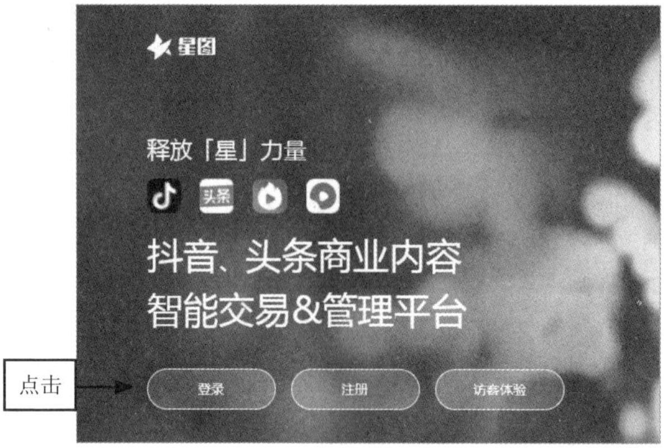

图 12-11　点击“登录划”按钮

步骤 02　进入“选择您的登录身份”界面，选择“达人 / 创作者”选项，如图 12-12 所示。

步骤 03　进入“选择您的媒体平台”界面，选择“我是抖音达人”选项，如图 12-13 所示。

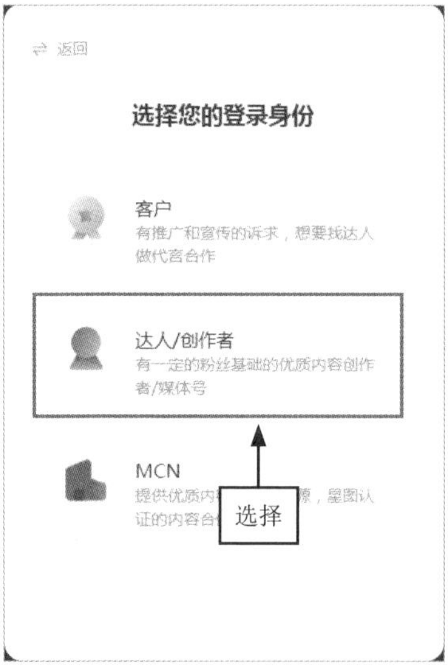

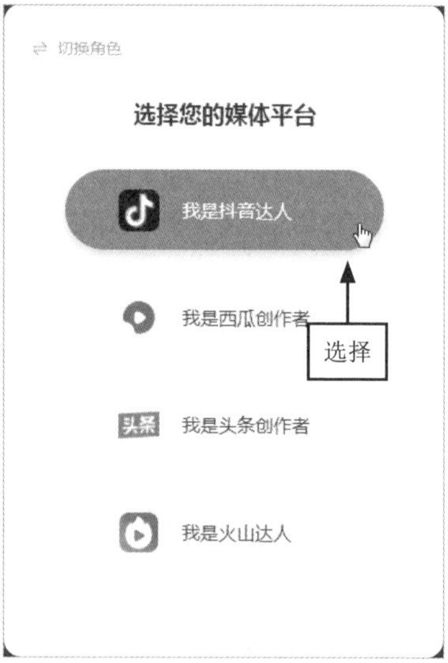

图 12-12　选择“达人 / 创作者”选项　　图 12-13　选项“我是抖音达人”选项

步骤 04 进入“抖音达人登录”界面，在该界面中输入手机号和验证码，点击“登录”按钮，如图 12-14 所示。

步骤 05　操作完成后，如果进入如图 12-15 所示的“欢迎来到星图平台”界面，就说明抖音达人入驻成功了。另外，抖音达人可以在该界面中输入相关信息，点击“开启星图之旅”按钮，登录星图平台。

图 12-14　点击“登录”按钮

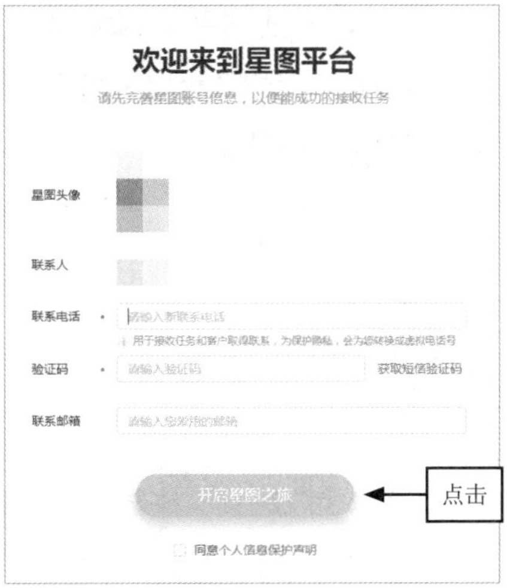

图 12-15　“欢迎来到星图平台”界面

12.2.3　品牌主如何入驻星图平台

品牌主要想通过星图平台发布广告投放任务，需要先入驻该平台。与抖音达人入驻不同的是，品牌主要入驻星图平台，需要先在该平台注册一个账号。

具体来说，品牌主点击星云平台默认界面的“注册”按钮，即可进入如图 12-16 所示的注册界面。在注册界面中输入手机号和验证码，并点击“注册”按钮，便可进入如图 12-17 所示的“开通星图账号”界面。品牌主只需在该界面中输入相关信息，并点击下方的“立即开通”按钮，便可完成注册，入驻星图平台。

图 12-16　点击“注册”按钮

图 12-17　点击“立即开通”按钮

12.2.4 短视频达人如何接广告变现

抖音达人入驻星图平台之后，就可以通过接广告投放任务的方式获取收益了。当然，抖音达人要想在星图平台中更好地接广告变现，还需要做好 3 个方面的工作，如图 12-18 所示。

图 12-18 抖音达人在星图平台变现需要做好的工作

一般来说，抖音达人登录星图平台之后，便会自动完成绑定媒体账号的工作。因此，接下来要做的就是点击“申请开通任务”下方的“去验证”按钮，获取接广告投放任务的资格。

操作完成后，进入如图 12-19 所示的“开通任务”界面。抖音达人只需在该界面中选择需要开通的任务，并点击对应位置的“申请开通”按钮，便可以进行任务的开通。任务开通完成后，还可以完善报价等信息，让品牌主（广告主）能够更好地找到你，从而提高变现的效率和收益。

图 12-19 “开通任务”界面

12.3 巨量引擎：让营销行为更加高效

巨量引擎是一个流量领先的营销资源平台，它能够通过多元覆盖用户生活场景，占据用户的各种碎片化时间，让营销行为更加高效。

12.3.1 开户基本流程：实现跨平台的联合推广

巨量引擎可以通过对抖音短视频、今日头条、火山小视频、西瓜视频、懂车帝、Faceu 激萌、轻颜相机、穿山甲和海外推广营销资源的整合，实现跨平台的联合推广。当然，要想利用巨量引擎平台进行营销推广，还需要先在该平台进行开户，具体的开户基本流程如图 12-20 所示。

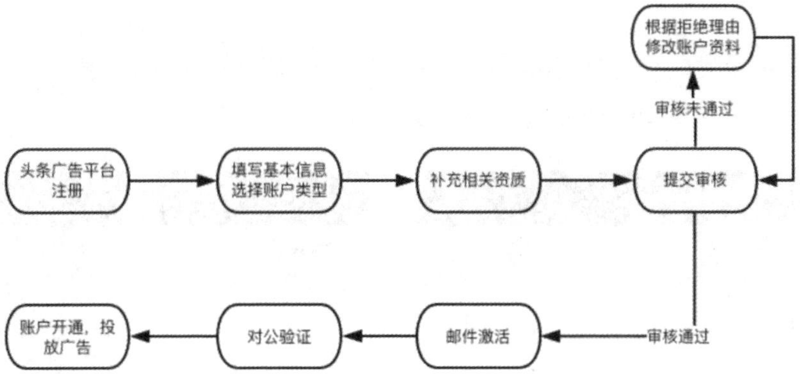

图 12-20　巨量引擎开户的基本流程

12.3.2 多种广告样式：汇集优质流量推广资源

巨量引擎汇集了大量优质流量推广资源，针对多种广告样式分别制订广告推广策略。如图 12-21 所示为巨量引擎针对抖音开屏广告的说明和展示。

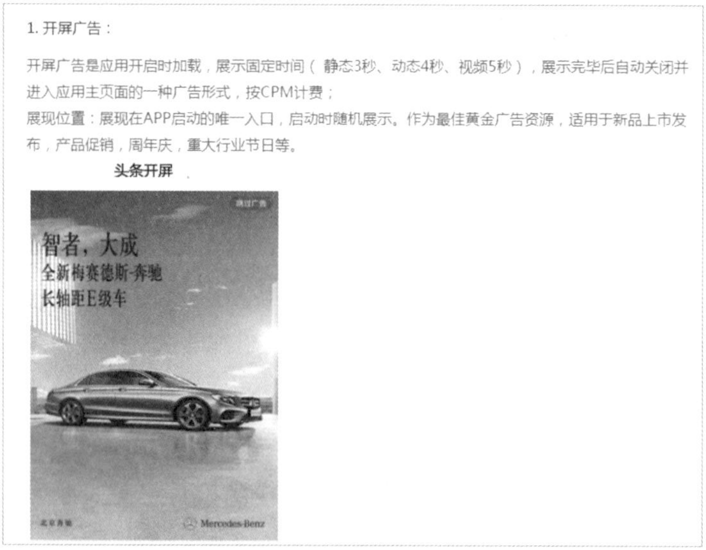

图 12-21　巨量引擎针对抖音开屏广告的说明和展示

12.3.3　精准营销平台：智能工具辅助一站式投放

作为一个精准营销平台，巨量引擎通过智能工具辅助一站式投放，让广告从创意、制作，到效果，都得到了全面的优化。具体来说，巨量引擎的辅助工具可实现更简单的广告创意制作、更丰富的广告投放辅助和更智能的广告效果优化，具体如图 12-22、图 12-23、图 12-24 所示。

图 12-22　更简单的广告创意制作

图 12-23　更丰富的广告投放辅助

图 12-24　更智能的广告效果优化

12.4 穿山甲：媒体聚合视频化广告平台

穿山甲是一个媒体聚合视频化广告平台，它以充足的广告预算、丰富的广告样式、高额的收益回报和完善的服务体系等诸多优势，吸引了大量抖音达人和品牌主的入驻。

12.4.1 如何注册一个穿山甲账户

抖音达人如果想借助穿山甲接广告变现，那么，首先要做的就是注册一个穿山甲账户。具体来说，注册穿山甲账户的操作步骤如下。

步骤 01 进入穿山甲平台，点击其官网首页右上方的“注册”按钮，如图 12-25 所示。

步骤 02 进入如图 12-26 所示的“邮箱注册”界面。在该界面中输入邮箱、密码、确认密码等信息，勾选“我已阅读并同意用户协议和隐私协议”，并点击界面下方的“注册”按钮。

如果抖音达人和品牌主已拥有巨量引擎账号，可点击“邮箱注册”界面中的“直接登录”按钮，进入如图 12-27 所示的巨量引擎账号登录界面。抖音达人和品牌主可以在该界面中通过邮箱或者手机登录的形式，登录穿山甲平台。

图 12-25　点击“注册”按钮

图 12-26　点击“注册”按钮

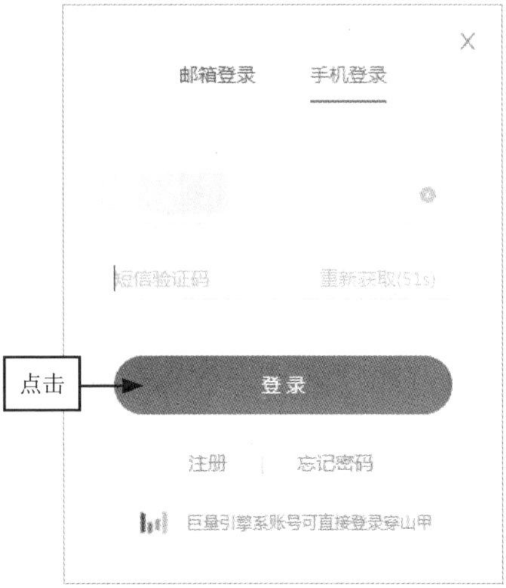

图 12-27　点击“登录”按钮

步骤 03 操作完成后，进入“恭喜你，欢迎来到穿山甲”界面，如图 12-28 所示。抖音达人和品牌主只需输入账号名称，选择国家或地区，并点击“抢先体验穿山甲”按钮，便可登录穿山甲平台。

图 12-28　点击“抢先体验穿山甲”按钮

12.4.2　什么是个性化模板广告

个性化模板广告是穿山甲推出的一种自动化渲染广告形式。借助个性化模板广告，开发者无须考虑广告的交互、渲染和数据大点，只需用较低的成本便可快速接入广告。目前穿山甲的个性化模板广告主要包括信息流、Banner 和插屏这 3 种形式，后续还会开放其他形式。

为了让客户更好地了解和使用个性化模板广告，穿山甲平台还专门对使用穿山甲个性化模板广告的常见问题进行了解答，具体如图 12-29 所示。

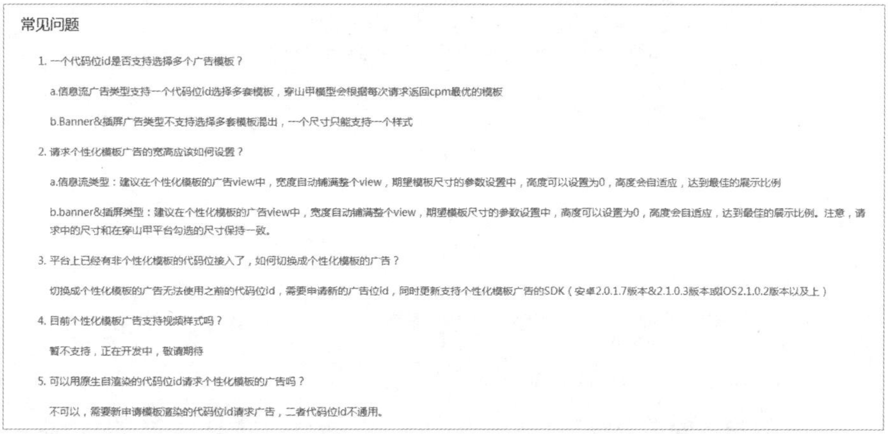
常见问题

1. 一个代码位id是否支持选择多个广告模板？

a.信息流广告类型支持一个代码位id选择多套模板，穿山甲模型会根据每次请求返回cpm最优的模板

b.Banner&插屏广告类型不支持选择多套模板混出，一个尺寸只能支持一个样式

2. 请求个性化模板广告的宽高应该如何设置？

a.信息流类型：建议在个性化模板的广告view中，宽度自动铺满整个view，期望模板尺寸的参数设置中，高度可以设置为0，高度会自适应，达到最佳的展示比例

b.banner&插屏类型：建议在个性化模板的广告view中，宽度自动铺满整个view，期望模板尺寸的参数设置中，高度可以设置为0，高度会自适应，达到最佳的展示比例。注意，请求中的尺寸和在穿山甲平台勾选的尺寸保持一致。

3. 平台上已经有非个性化模板的代码位接入了，如何切换成个性化模板的广告？

切换成个性化模板的广告无法使用之前的代码位id，需要申请新的广告位id，同时更新支持个性化模板广告的SDK（安卓2.0.1.7版本&2.1.0.3版本或IOS2.1.0.2版本以及上）

4. 目前个性化模板广告支持视频样式吗？

暂不支持，正在开发中，敬请期待

5. 可以用原生自渲染的代码位id请求个性化模板的广告吗？

不可以，需要新申请模板渲染的代码位id请求广告，二者代码位id不通用。

图 12-29　穿山甲个性化模板广告的常见问题解答

12.4.3 穿山甲解锁流量变现新玩法

相比于其他平台，穿山甲拥有一些独特优势。抖音达人可以借助穿山甲的这些独特优势，解锁流量变现的新玩法。具体来说，穿山甲在广告变现方面的优势主要体现为以下 3 点。

一是穿山甲广告丰富的商业化资源，可以持续引入头部品牌预算，从而为抖音达人提供充足的广告预算，如图 12-30 所示。

图 12-30　充足的广告预算

二是低成本高收益，同时变现效率也得到了提升，如图 12-31 所示。

低成本高收益，提升变现效率

- 开发成本低
  - 开发者接入个性化模版广告后，无需再设计和开发广告样式，也无需考虑素材渲染
  - 支持基于开发者产品情况，灵活调整广告样式和素材位置
  - 一次接入后，SDK高频迭代高收益广告样式，开发者无需额外开发
- 广告样式好
  - 目前信息流，banner，插屏等三种广告类型均可通过个性化模版广告接入
  - 提供全新的广告模版，相比传统图片Banner、插屏，极大提升CPM收益
- 广告收益高
  - 基于穿山甲强大推荐技术，准确预估每次请求的最佳收益的模版
  - 基于丰富的行业投放经验，针对性智能优化各行业更适配的模版
- 无门槛限制
  - 所有穿山甲开发者均可免费接入，无门槛限制

图 12-31　低成本高收益，提升变现效率

三是广告接入简单，只需简单三步，便可快速接入广告，坐等广告收益，如

图12-32所示。

简单三步，坐等收益

01

在穿山甲平台新建代码位，选择原生类型中的模版渲染。如创建信息流广告代码位，还可选择多套与真实场景合适的模版。

02

接入穿山甲广告SDK，按照SDK接入文档中模板广告的部分进行接口的开发，调整广告样式。
注意：需保证SDK版本不低于安卓2.1.0.3版本或IOS2.1.0.2版本

03

参考穿山甲商务对接白皮书中自测流程，使用穿山甲广告验收工具测试后发版上线，放量坐等收益。

图12-32　简单三步，坐等收益

读者意见反馈表

亲爱的读者：

感谢您对中国铁道出版社有限公司的支持，您的建议是我们不断改进工作的信息来源，您的需求是我们不断开拓创新的基础。为了更好地服务读者，出版更多的精品图书，希望您能在百忙之中抽出时间填写这份意见反馈表发给我们。随书纸制表格请在填好后剪下寄到：北京市西城区右安门西街8号中国铁道出版社有限公司大众出版中心 张亚慧 收（邮编：100054）。或者采用传真（010-63549458）方式发送。此外，读者也可以直接通过电子邮件把意见反馈给我们，E-mail地址是：lampard@vip.163.com。我们将选出意见中肯的热心读者，赠送本社的其他图书作为奖励。同时，我们将充分考虑您的意见和建议，并尽可能地给您满意的答复。谢谢！

- -

所购书名： ____________________

个人资料：

姓名：__________ 性别：__________ 年龄：__________ 文化程度：__________

职业：__________ 电话：__________ E-mail：__________

通信地址：______________________________ 邮编：__________

- -

您是如何得知本书的：

□书店宣传 □网络宣传 □展会促销 □出版社图书目录 □老师指定 □杂志、报纸等的介绍 □别人推荐

□其他（请指明）____________________

您从何处得到本书的：

□书店 □邮购 □商场、超市等卖场 □图书销售的网站 □培训学校 □其他

影响您购买本书的因素（可多选）：

□内容实用 □价格合理 □装帧设计精美 □带多媒体教学光盘 □优惠促销 □书评广告 □出版社知名度

□作者名气 □工作、生活和学习的需要 □其他

您对本书封面设计的满意程度：

□很满意 □比较满意 □一般 □不满意 □改进建议

您对本书的总体满意程度：

从文字的角度 □很满意 □比较满意 □一般 □不满意

从技术的角度 □很满意 □比较满意 □一般 □不满意

您希望书中图的比例是多少：

□少量的图片辅以大量的文字 □图文比例相当 □大量的图片辅以少量的文字

您希望本书的定价是多少：

本书最令您满意的是：

1.

2.

您在使用本书时遇到哪些困难：

1.

2.

您希望本书在哪些方面进行改进：

1.

2.

您需要购买哪些方面的图书？对我社现有图书有什么好的建议？

您更喜欢阅读哪些类型和层次的理财类书籍（可多选）？

□入门类 □精通类 □综合类 □问答类 □图解类 □查询手册类

您在学习计算机的过程中有什么困难？

您的其他要求：